인물로 보는 일본역사 제11권

고노에 후미마로

패전으로 귀결된 야망과 좌절

차례
Contents

머리말 · 고노에를 통해 본 제국주의 본성 3

제1장 미영 중심의 국제질서에 도전한 귀족정치가 6

제2장 고노에가 함께한 시대 50

제3장 고노에의 시대 인식 82

제4장 고노에의 역사 책임 105

맺음말 · 위기에 적극적 대응보단 현실 도피 112

참고문헌 115

고노에를 통해 본 제국주의 본성

고노에 후미마로(近衛文麿), 우리에겐 어쩌면 생소한 인물인지도 모르겠다. 그러나 일본에서는 유명한 정치가다. 천황이 지배하던 고대시대 이래 천황과 가장 밀접한 관계를 유지해온 귀족 집안의 장남으로, 훤칠한 외모와 젊은 나이로 당시 대중적 인기를 누렸던 귀족 정치가다. 그의 화려한 이력과 기대감은 일본의 대륙 침략전쟁 시기에 그를 세 번이나 수상이라는 중요한 자리에 앉혀 일본의 미래를 위탁하게 했었던 것이다.

그의 화려한 정치경력과 대중적 인기로 스포트라이트를 받았던 정치무대에서 잠시 눈을 돌려, 역사라는 프리즘을 통해 본 그의 모습은 사뭇 다르다. 1937년 중국과의 전쟁을 전면전으로 확대했으며, 파시즘 진영인 독일과 이탈리아의 동맹을 강화하고, 그 귀결로 미일 개전과 태평양전쟁의 참화를 야기한 장본인이다.

또한 제2차 세계대전에서의 독일 파시즘 체제의 승전에 고무되어 일본적 신체제의 수립을 주도하여 그 결과 일본 파시즘 체제인 '대정익찬회'를 성립시킨 인물이다. 이 신체제론은 다시 식민지 조선에서는 '조선총력운동'으로 전개되어, 조선의 인적·물적 자원과 정신까지도 일본이 일으킨 전쟁터로 동원하는 시스템으로 기능했다.

즉 우리와 아무런 관련성이 없는 인물로 보이는 고노에는 장기간 식민지 조선에 끝없는 피해와 참혹한 고통을 안겨준 중일전쟁과 태평양전쟁, 그 전쟁을 수행하기 위해 만든 시스템의 장본인이다. 그의 정치적 궤적을 고찰하는 의미가 바로 여기에 있다고 할 수 있다.

이 책은 크게 4장으로 구성했다.

제1장에는 고노에 삶의 궤적을 중심으로 살펴본다. 귀족 집안의 장남으로 태어난 그의 출생에서, 패전 직후 전범 용의자로 체포되기 전 스스로 생을 마감하기까지의 발자취를 재구성해보았다.

제2장에서는 고노에가 정치적인 활동을 전개했던 시기의

시대적 상황에 대해 살펴본다. 천황이 국가의 주인이었던 시대, 전쟁을 국력 신장의 방편으로 적극 활용했던 시대, 일본의 영욕이 교차했던 시대상을 조명해보았다.

제3장에서는 고노에가 직접 발표한 논문이나 수기 등을 통해 그의 시대 상황 인식에 대해 살펴본다. 그는 비교적 글쓰는 작업을 좋아한 듯하다. 자신의 생각을 피력하고자, 시대적으로 중요한 변곡점의 시기에 글로 자신의 입장을 정리해두고 있다.

그리고 마지막으로 제4장에서는 고노에의 역사적 공죄, 현대적인 의미에 대해 풀어보고자 한다.

일본의 국가 시책의 의사 결정의 중심에 있었던 천황과 밀접한 접점을 가진 고노에의 정치적 흔적을 추적해가는 작업을 통해, 일본의 명암이 교차했던 시기, 침략 전쟁의 추진과 그리고 맞닥뜨린 패전에 이르는 과정에서의 정치 지도자들의 잔상들을 확인할 수 있을 것이며, 더불어 고노에를 통해 투영된 일본 제국주의의 본성에 한발 더 다가갈 수 있을 것으로 기대한다.

제1장 미영 중심의 국제질서에 도전한 귀족정치가

화족(일본 귀족) 중에서도 명문 중의 명문 가문의 장남으로 생의 첫발을 내디딘 고노에는 어린 시절 어머니와 아버지를 여의는 고난을 겪지만, 궁중 그룹의 지원과 탁월한 가문을 배경으로 세 번에 걸쳐 내각을 구성했다. 1945년 8월 15일 패전 후, 다시금 야심 차게 정치적 활동을 재개하려던 찰나, 미군 당국에 의해 전범 용의자로 지목되어 출두 명령이 내려지자 자살로 생을 마감했다. 여기서는 격동기의 일본을 살아간 그의 궤적을 함께 걸어가보자.

출생과 아버지 아쓰마로의 죽음

고노에 후미마로는 1891년(메이지 24년) 10월 12일 도쿄에서 공작(公爵) 고노에 아쓰마로(近衛篤麿)와 전 가가번(加賀藩)의 번주인 마에다 요시야스(前田慶寧)의 딸 사와코(衍子) 사이에서 장남으로 태어났다.

고노에 가문(近衛家)은 고대 명문 귀족 집안인 후지와라 가마타리(藤原鎌足)의 직계 다섯 가문(5摂家) 중 서열 첫 번째로 황실과도 관계가 깊었으며, 두 살이 되었을 때 고노에는 메이지 황후의 초대로 궁중에 가서 인사를 올리기도 했다.

그런데 출생 후 바로 고노에는 어머니를 여의었다. 어머니 사와코는 산욕열로 출산 8일 만에 세상을 떠나고 말았다. 이듬해 아버지는 사와코의 여동생인 사다코(貞子)와 재혼을 하게 되고 이후 고노에에게는 이복동생이 생기게 되었다. 다만 고노에는 상당히 오랜 기간 사다코를 친어머니로 여기고 있었고 나중에 진실을 알고 난 후에는 큰 충격에 휩싸이게 되었다. 그는 훗날 이 일을 회상하며 "세상은 거짓이다(『近衛公清談録』, 千倉書房, 1937)"라고 생각하게 되었다고 회고했다.

1897년 9월 고노에는 학습원(学習院) 초등과에 입학하고, 1903년에는 중등과로 진학했다. 국가주의 신념을 지니고 있었던 소장 귀족 정치가인 아버지 아쓰마로는 중국, 특히 만주와 조선에 깊은 관심을 가지고 있었다. 동방협회(東邦協会)의 부회장를 지내고 동아동문회(東亜同文会)를 창립하기도 했다. 1896년에는 귀족원 의장에 취임하면서 수상 후보로까지 거론되기도 했지만, 만 40세의 젊은 나이에 병으로 세상을 달리했다. 이때 고노에의 나이는 12세였다. 아버지의 죽음은 그에게 슬픔만이 아니라 일시적으로 경제적 어려움을 가져왔다. 아버지가 생전에 신세를 졌던 사람들이 아버지의 존재가 사라지자 돈을 돌려줄 것을 요구했고 이는 어린 고노에에게 깊은 마음의 상처를 안겨주었다. 이러한 경험은 후에 부호에 대한 불신감 그리고 금전문제에 대한 경계심을 갖게 되는 원인이 되기도 했다.

정치를 선호한 젊은 고노에

1910년 중등과를 졸업한 고노에는 제일고등학교 문과에 진학했다. 여기서 독일어 수업을 접하며 고노에는 철학에 강한 흥미를 느끼기 시작했다. 철학자를 지망한 그는 고등학교를 졸업하고 도쿄제국대학 철학과에 입학했으나 흥미를 이어가지 못하고 결국 교토제국대학교 법과대학으로 적을 옮겠다.

　대학 재학 중에는 경제학자인 가와카미 하지메(河上肇)로부터 1년여간 그의 서재를 방문하며 사회주의에 대해 가르침을 받기도 했으며, 오스카 와일드(Oscar Wilde)의 『사회주의하의 인간의 혼』을 번역하여 「신사조(新思潮)」 1914년 5월호 및 6월호에 연재하기도 했다. 1913년(다이쇼 2년) 대학 2학년에는 자작 모리 다카노리(毛利高範)의 차녀 지요코(千代子)와 연애 결혼하여 교토에서 신혼생활을 시작했다.

귀족원 의원

　교토대학 재학 중이던 1916년 10월, 고노에는 공작의 작위로 귀족원(貴族院) 의원으로 활동하게 되었다. 귀족원 의원으로서의 고노에의 활동을 살펴보면, 의원 초기 그의 관심은 귀족원의 개혁에 있었지만, 그는 자신의 개혁의지와 상반된 기득권 세력의 아성이었던 귀족원의 연구회에 1922년 입회하고, 1926년에는 연구회의 상담역으로 취임하면서 중심인물로 활동하기도 했다.

　연구회의 간부로 활동을 이어가던 고노에는 결국 연구회를 탈퇴하고 '화요회'라는 회파를 결성하여 활동을 이어갔다. 그리고 세계가 경제적 격랑 속으로 빠져들고 있던 1931년 그는 귀족원 부의장에 취임하였다. 그리고 그는 현체제를 타파하고 변화시키려고 하는 여러 세력, 정당정치가, 소장군인, 우익과 접촉하고 이들의 이야기에 귀를 기울였다. 만주사변이 일어나자, 고노에는 군부의 독단적인 침략행위를 오히려 긍정하고 격려한다. 이러한 그의 태도로 인해 군부와 우익세력으로부터 지지를 얻었다.

고노에에 대한 이들의 기대는 단순히 그의 사고체계가 군부나 우익과의 유사성에 기인하는 것뿐만이 아니었다. 고노에의 탁월한 출신 배경, 즉 명문 화족 출신으로 궁중과 원로, 중신과의 교류가 깊다는 점은 이들이 원하는 체제 변혁의 추진자로서의 이용가치가 높다는 의미였다.

1933년 6월 고노에는 귀족원 의장에 취임했다. 이는 전전 의장이었던 아버지 아쓰마로에 이은 부자 2대 귀족원 의장 취임으로 30년 만의 일이었다. 귀족원 의장 취임은 고노에 가문이 갖는 정치적 위상의 결과물이기도 했지만, 당시 군부나 우익과의 관계가 긴밀해지고 있는 고노에를 정치 중심에서 잠시 무대 밖으로 내어놓아 고노에를 보호하려는 원로 사이온지 긴모치(西園寺公望)의 의중이 반영된 결과이기도 했다.

우익과 정당세력의 고노에에 대한 기대

고노에에 대한 기대감의 고조는 수상 옹립과 신당운동이라는 형태로 추진되기도 했다. 오카다 게이스케(岡田啓介) 내각 체제에서 우익의 책동에 의해 일어난 천황기관설(天皇機関説) 사건에 의해 오카다 내각은 궁지에 몰리게 되었다.

천황기관설은 헌법학자인 미노베 다쓰키치(美濃部達吉)가 주장한 학설로, 그 요점은 통치권은 국가에 있고 천황은 최고기관으로서 통치권을 행사한다는 것으로, 이미 정착된 학설이었다. 그럼에도 불구하고 1935년 오카다 내각 아래서 군부와 우익이 이를 새삼 문제 삼아 비판을 하게 되고, 결국 미노베의 저서는 판매금지를 당하고 그는 귀족원 의원을 사임하게 되었다. 이러한 우익 세력에 의한 오카다 내각에 대한 공격의 배후에는 고노에를 수상으로 옹립하려는 의도가 근저에 있었다.

한편 정우회와 민정당 일부에서는 고노에를 총재로 하는 신당 창당의 움직임도 있었다. 정당은 5·15 쿠데타 사건 이후 실추된 정당을 고노에의 인기에 편승하여 회복해보려는 목적에서 신당운동을 전개하나 실현되지는 못했다. 그 와중에 1936년 2월 군에 의한 2·26 쿠데타 사건이 발생했다. 일본 정국은 극도의 공포와 혼란에 빠져들고 있었는데, 이 사

태를 수습할 인재로 고노에가 거론되었다. 이에 대해 고노에
자신은 정작 이번 사태를 해결할 자신이 없어, 건강을 이유
로 수상 자리를 고사했다.

제1차 고노에 내각 조각

고노에를 대신하여 조각된 하야시 센주로(林銑十郞) 내각
이 단명하여 1937년 총사직하자, 고노에는 재차 조각을 거
부할 수가 없었다. 결국 쿠데타를 배경으로, 강력한 정치 세
력으로 대두하고 있었던 군부를 억제할 수 있는 인물로 궁
중 그룹으로부터 기대를 모으고 있던 고노에가 수상으로 추
천되었다. 고노에의 나이 당시 45세, 귀족 출신으로 당당한
체격과 기품 있는 태도, 겸손한 자세와 더불어 총명하다는
소문에 힘입어 그에 대한 국민들의 기대는 고조되었다. 쇼와
(昭和) 시대에 들어와 경제적, 정치·사회적으로 불안감이 고
조되고 있는 상황에서, 고노에의 출현은 이들에게 이 난국을
타개하고 보다 좋은 삶을 제공해줄 수 있는 구원자였다.

일반 국민의 기대 속에 출범한 고노에 내각이었지만, 막
상 각료 인선을 앞두고 어김없이 육군의 압력이 들어왔다.
즉 친군 재정으로 알려져 있는 바바 에이이치(馬場鍈一)를 경

제부 장관인 장상(대장성 장관)으로 유임해달라는 것이었으나 고노에는 여론의 악화를 우려하여 장상 대신 내상(내무성 장관)에 기용하는 것으로 타협했다.

내각 성립 직후 고노에 수상은 기자회견을 열어 자신의 입장을 피력했다. 이 자리에서 고노에는 구체적인 정책·정강은 향후의 각의에서 논의를 할 것이지만 막연한 생각이라는 전제 아래, "국제정의에 기초한 진정한 평화" "단순한 현상 유지가 아닌 진정한 평화"를 확립하기 위해 노력하며, 국내적으로는 "사회정의에 기반을 둔 시설"을 가능한 실현하도록 노력하겠다고 언급했다. 여기서 사용한 국제정의니 진정한 평화는 평소 그가 주장해온 것들로 미영 중심의 국제질서를 부정한다는 소신을 피력한 것이었다.

황실과 고노에 가문과의 깊은 관계와 관련이 있겠지만 쇼와 천황은 고노에의 조각에 만족감을 표명했다. 고노에 또한 천황에 대해 친근감이 있었던 것으로 보이는데, 고노에는 여타 다른 중신들과 달리 천황에게 상소할 때 일반인들이 사용하는 인사법으로 인사하고 천황의 맞은편 의자에 앉아서 상소하고 나서, 천황과 이런 저런 이야기를 나누었다. 이러한 격의 없는 태도는 고노에 가문이기에 가능했지만 이러한 태도에 천황을 보필하는 궁중의 시종은 내심 불만을 표명하기도 했다.

대사면 문제

고노에는 조각 초기 국내의 대립·상극을 완화하겠다고 표명했는데, 이를 구체화하기 위해 천황에 의한 대사면을 도모했다. 즉 혈맹단사건, 5·15 쿠데타 사건, 2·26 쿠데타 사건 등의 수형자를 이번 기회에 대사면하여 방면하고, 이와 함께 같은 조치를 좌익관계 수형자에게도 적용하는 대사면을 추진했다. 이러한 고노에의 생각에 대해 각내의 우익계열의 장관들은 찬성을 했지만 통제파(統制派)계열의 육군 수뇌부와 궁중, 원로, 중신들이 강하게 반대해 결국 실현되지는 못했다.

이러한 대사면 문제는 표면적으로는 국민의 분열을 막고 온 국민을 하나로 통합하자는 논리였지만, 이 조치를 통해 가장 큰 혜택을 받게 되는 것은, 바로 쿠데타를 일으켰던 군부 내의 황도파(皇道派)세력이므로 대사면 문제가 실질적으로는 그들의 정치력을 회복하는 계기가 되도록 하는 것이 고노에의 목적이기도 했다.

중일전쟁 발발과 내각의 방침

1937년 7월 7일 중국 베이징 교외의 루거우차오에서 일본군의 군사적 도발에 의한 중일 양군의 군사적 충돌이 발생했다. 고노에 내각 출범 한 달 후의 일이었다. 사건이 발생하자 육군성 장관(이하 육상) 스기야마(杉山元)는 일본 본토에서 중국 현지로 3개 사단을 파병할 것을 각의에서 제의했지만, 예상하지 못한 급작스런 사태에 직면한 고노에는 사태 파악의 필요성과 파급될 국제적 영향을 고려하여 육상의 의견을 일단 각하하고 7월 8일 각의에서 불확대한다는 방침을 결정했다.

그러나 거듭되는 육상의 제안에 결국 고노에는 3개 사단의 현지 파병을 7월 11일의 각의에서 결정했다. 각의 결정 후 고노에 내각은 성명을 발표하여, 이번 사태는 중국의 계획적인 무력 항일임이 의심의 여지가 없다고 단정했다. 또한 화북의 치안유지는 일·만 양국에 있어 중요한 일이므로, 여기에 정부는 화북파병에 필요한 조치를 취하기로 했다고 발표했다.

그리고 고노에는 중의원, 귀족원, 신문, 재계 등의 대표자를 수상관저로 불러 상황을 설명하고 협력을 요청했다. 이에 각 신문은 정부의 강경론을 지지하고 민심을 선동했다.

고노에 내각의 3개 사단 파병 결정에 현지 중국파견군은 중국군에 대해 총공격을 감행, 7월 29일 베이징·톈진 일대를 점령하기에 이르렀다. 결과적으로 고노에의 조치는 중일전쟁 확대에 일조하게 된 것이다.

중일전쟁이 발발했을 때 고노에의 당시 상황 인식에 대해서는 불분명하지만, 3개 사단 파병의 각의 결정에 대해 그는 "만약 자신이 반대를 했다면 육상은 사직을 했을 것이고 결과적으로 내각도 총사직을 하고 새로운 내각이 육군의 요구를 들어줄 수밖에 없었을 것이다"라고 지적하며, "자신이 책임을 지고 결정할 수밖에 없었다"고 유아사 구라헤이(湯浅倉平) 내대신에게 각의 결정의 배경에 대해 설명하기도 했다(原田熊雄, 『西園寺公と政局』第6巻, 岩波書店, 1967). 여기에서 그는 군부의 강한 요구로 인해 전쟁을 확대하게 되는 파병을 결정했다고, 군에게 책임을 전가하는 듯한 표현을 하고 있다. 하지만, 찬찬히 다시 음미해보면 그는 군의 요구를 거부할 특별한 이유를 찾지 못한 것이었다. 즉 군부와 기본적으로는 같은 인식의 선상에 서 있었던 것이다.

전선의 확대

베이징 교외에서 시작된 중일 양국 간의 전투는 8월에 들어 상하이로 확대되었다. 중국군과 일본 해군 육전대와의 전투가 격화되자 고노에 내각은 2개 사단의 상하이 파병을 결정했다. 8월 15일 발표한 고노에 내각의 성명은 "난징정부의 반성을 촉구하기 위해 단호한 조치를 취하게 되었다"며 지난 초기 성명보다 한층 톤이 강화된 내용으로 중국을 비난하고 일본 행위의 정당성을 부각했다. 이번 대 중국성명은 스기야마 육상이 각의에서 함께 논의하자고 제의함에 따라 각료들의 의견이 반영된 것이다.

고노에 수상은 새벽까지 진행된 각의에서 가만히 각료들의 발언을 경청한 후에, 육상의 공표 제의에 외상(외무성 장관), 해상(해군성 장관), 기타 다른 각료들이 이의를 제기하지 않자 이를 승인한 것이었다. 고노에는 초기 사단병력 증파에 동의했을 뿐만 아니라 군부의 강경한 도발에 대해 반대를 표명하지 않고 오히려 이에 동조하고 가담한 것이었다.

상하이에 2개 사단을 증파한 후에도 상하이 부근의 전황은 중국군의 철저한 항쟁으로 일본군은 고전을 면하지 못하고 있었다. 이에 고노에 내각은 루거우차오 사건 이후 '북지사변'이라고 부르던 것을 '지나사변'으로 명칭을 바꾸었다. 이는 이제 중일 간의 격돌이 중국 화북지방에 국한된 것이 아닌 중국 전토로 확산된 것에 따른 변경이었다. 이제 일본은 중국과의 전면전으로 나아가게 된 것이다.

1937년 9월 제72회 제국의회가 소집되고, 고노에는 시정연설을 통하여 중국에 대하여 강경한 입장을 재차 천명했다.

그는 이렇게 말했다. "루거우차오 사건 이후 일본 정부는 중국 정부를 반성하게 하여 잘못된 배일정책을 포기시키고 중일 간의 근본적 관계 조정을 시행하는 것을 기본방침으로 삼아왔다. 그러나 이에 대해 중국 정부는 배일, 항일의 기세를 더욱 높여 화중, 화남까지 전화가 미치게 되었다. 이러한 상황에서 일본 정부는 단호하고 적극적으로 그리고 전면적으로 중국군에게 큰 타격을 가할 수밖에 없다. 이는 제국의 자위를 위한 것뿐만 아니라 정의, 인도의 면에서 상당히 당연한 것으로 확신한다. 일본 정부의 철저한 타격에도 불구하고 중국이 반성하지 않고 항전을 계속한다면, 장기전까지 불사하겠다." 고노에는 중국의 굴복이 있을 때까지 전면적으로 전쟁을 지속하겠다는 강한 의지를 피력했다.

시정 연설에서 고노에는 강한 어조로 중국을 비난하고는 있었지만, 사실 확대되어만가는 중일전쟁의 국면에 상당히 곤혹스러워하고 또한 의기소침해 있었다. 차라리 군 쿠데타 사건 이후 자신에 조각의 대명이 내려졌을 때 정권을 맡았다면 오히려 지금보다 훨씬 수월하리라고까지 생각하고 있었다(『小山完吾日記』, 慶応通信, 1955).

군부와 고노에

중일전쟁 발발 이후 군부는 통수권의 독립을 이유로 군사 작전이나 전쟁의 상황에 대해 정부에 군사 정보를 공개하지 않았다. 각의에 참가한 스기야마 육상의 전황 보고도 지극히 간단하고 형식적이었다. 이러한 상황에서 고노에는 대본영을 설치하여 국무와 통수의 연락 통합을 도모하여 이를 통해 전쟁 지도와 조기 사태수습을 도모했다.

그러나 군부는 대본영 설치에는 찬성했지만, 대본영에의 수상 및 각료 참가를 거부했다. 이러한 상황에 직면한 고노에는 결국 의욕을 잃고 내상 기도 고이치(木戸幸一)에게 사직의 뜻을 내비친다. 하지만 현 상황에서의 사직은 사태를 악화시킬 뿐 도움이 되지 않는다며 만류하는 기도의 건의에 따라 사임의 의지를 접었다.

한편 군부는 항저우만 기습상륙작전을 감행하여 상하이 부근에서 중국군에 대한 역습에 성공을 거두었다. 이에 일본군은 중국정부의 수도인 난징 함락을 목표로 전선을 확대해 나갔다. 이 상황에서 고노에의 측근인 고토 류노스케(後藤隆之助)는 그에게 난징함락 전에 궁지에 몰린 국민당정부에게 손을 내밀어 화평을 하고 전쟁을 종결시키는 것이 어떠하냐고 진언했지만 고노에는 이에 대해 자신의 힘으로는 아무것도 할 수 없다고 탄식했다고 한다.

난징을 함락한 시점에서 장제스(蔣介石) 국민당 정부에 큰 타격을 가한 일본은 여기에서 전쟁을 멈출 것인지 아니면 계속 진행할 것인지에 대한 선택의 갈림길에 서 있었다. 이 시점에서 소련의 동향을 우려하고 있었던 참모본부는 중일전쟁을 빨리 수습하고 소련에 대응해야 한다는 인식을 갖고 있었다.

반면 육군성은 전쟁 중단에 대해서 강하게 반발하고 있었으며, 고노에 수상도 동조하고 있었다. 즉 고노에는 일본군이 승전하고 있는 현 상황에서 군이 장제스 국민당 정부와 화평을 맺는 것은 오히려 일본이 약해졌다는 이미지를 세계에 전파할 우려가 있고 그 결과 일본 경제가 타격을 받을 수 있다고 판단했던 것이다.

사실 10월 단계에서 일본은 독일을 중개로 장제스 정부와의 화평 교섭을 진행하고 있었는데, 이에 대해 앞서 말한 논리로 참모본부는 화평에 적극적이었지만, 육군성과 고노에는 이에 대해 비판적이었다. 이듬해 1938년 1월 고노에 내각은 정식으로 교섭 중단을 결정했다. 결과적으로 중일전쟁을 조기에 수습할 기회가 있었음에도 고노에는 스스로의 의지로 그 길을 선택하지 않았던 것이다.

국민당 정부를 상대하지 않겠다

장제스 정부와의 화평 협상 중단을 결정한 다음날인 1938년 1월 16일, 고노에 내각은 '국민당 정부를 상대하지 않겠다'는 성명을 발표하여, 전쟁 조기 수습의 길을 완전히 차단해버렸다. 성명의 내용은 일본 정부는 난징 함락 후 국민당 정부의 반성을 기대했으나 오히려 동아의 평화를 고려하지 않고 항전을 도모하고 있다. 이에 일본은 앞으로 국민당 정부를 상대하지 않으며, 일본과 진정으로 제휴할 수 있는 새로운 중국 정권의 성립과 발전을 기대하며, 새로운 정권과 국교를 조정하여 새로운 중국 건설에 협력하고자 한다는 내용이었다.

이는 결국 철저한 항전을 바탕으로 일본과의 대결 자세를 굽히지 않는 국민당 정부를 교섭 상대로 삼지 않겠다는 것이다. 그 대신 일본군이 베이징에 새로이 수립하고자 하는 괴뢰정권과의 새로운 관계 구축을 통해 중국에서의 이권 확보를 확대하겠다는 일본의 의지를 대외적으로 표명한 것이다. 바꿔 말하자면 일본의 대중국 침략 의도를 다시 한번 노골적으로 드러낸 것이었다.

이러한 결정에 있어 당시 고노에가 어떠한 입장이었는지에 대해서는 자세한 내막은 알려지지 않았지만, 성명이 발표되고 고노에의 주변 측근이 이 성명에 대해 신랄한 비판을 가하자, 고노에는 그저 "제가 힘이 없어서요(岡義武, 『近衛文麿 -「運命」の政治家』, 岩波新書, 1988)"라고만 언급했다고 한다. 이처럼 고노에는 자신이 수상으로 재임하고 있는 내각에서 결정한 사안에 대해서조차, 주위에는 자신의 책임이 아니라며 항상 변명으로 일관하는 무책임한 태도를 보였다.

의욕을 상실한 고노에

1937년 12월 소집된 제73회 제국의회에서는 국가총동원 법안이 제출되었다. 국가총동원법은 전시나 전시에 준하는 사태에 국방 목적의 달성을 위한 인적·물적 자원을 통제 운용하기 위해 정부에게 광범위한 권한을 위임하는 법안으로, 운용에 따라서는 의회가 유명무실화되는 법안이었다.

이에 대해 당시의 2대 정당인 정우회와 민정당은 결사반 대의 입장을 취했다. 반면에 법안의 추진자인 육군은 우익 세력과 결탁하여 법안 통과를 위해 수단과 방법을 가리지 않았다. 이 와중에 정당정치가에 대한 우익의 테러가 일어나고 2·26 사건 2주년이 되는 2월에는, 다시 청년 장교들에 의한 쿠데타설이 나돌기도 하는 등 정국은 혼미와 혼란에 휩싸였다.

고노에 수상은 다시 사임 카드를 꺼내 들고 주변에 사임하겠다는 의사를 다시금 밝히고 다녔다. 결과적으로 국가총동원법이 성립되고 제73회 제국의회가 폐회되고 천황에게까지 "힘이 없는 저 같은 사람이 언제까지 시국을 담당하는 것은 지극히 곤란한 일입니다. 역시 실력 있는 자에게 맡기시는 것이 적당하다고 생각됩니다(岡義武, 『近衛文麿-「運命」の政治家』, 岩波新書, 1988)"라고 상소하기도 했다.

그러나 여전히 주변에서는 고노에를 대신할 인물이 없는 상황이어서 그를 설득할 수밖에 없었다. 사임을 철회하기는 했지만 고노에는 점차 무기력해져갔다.

이러한 고노에의 사임 병(病)은, 육상을 그가 의도한 이다가키 세이시로(板垣征四郎)로 교체했지만 육군에 대한 통제가 기능하지 못하고 중일전쟁의 전선은 점점 더 확대되어, 내각 개조에 따른 성과를 내지 못하자 다시 드러났다.

고노에 성명

1938년 11월 고노에 내각은 '동아신질서성명'을 발표했다. 일본군은 앞서 10월에는 광둥을 함락했다. 이에 국민당 정부는 충칭으로 후퇴하고 일본과의 항전 의지를 견지했다. 한편 일본군은 군사력 측면에서 한계에 도달해 있었다. 소련 군에 대한 대응 차원에서도 이 이상의 전선 확대는 힘든 상황이었다. 일본군 내부에서도 사태를 수습하기 위한 강화가 거론되고 있었다.

그러나 일본이 노린 강화는 장제스와의 강화가 아니었다. 국민당 정부 부총재였던 왕자오밍(汪兆銘)을 장제스와 분리해 새로운 정권을 창출한 후 일본에 유리한 화평을 맺어서 전쟁을 수습하겠다는 계획이었다. '동아신질서성명'은 이러한 일본의 정치적 맥락에서 나온 성명이었다.

성명에서 고노에 내각은 "중국의 국민당 정권은 이제 일개 지방 정권으로 몰락했음에도 계속해서 항일용공 정책을 지속한다면 일본은 결코 칼을 거두지 않을 것"이라며 중국을 압박했다. 중일전쟁에 참여하는 일본의 목적은 아시아에서 '신질서'를 건설하는 데 있다고 했다. 여기서 신질서란 '일·만·중' 삼국이 정치·경제·문화 등 각 방면에 걸쳐 제휴·협력 관계를 맺는 것을 뜻한다. 즉 동아시아에서 국제정을 확립하고, 공동방공을 달성하고, 신문화를 창조하고, 경제 결합을 실현하고자 한 것이다. 국민당 정부가 태도를 바꿔 신질서 건설에 참여하고자 한다면 이를 거부하지는 않겠다고 공표했다. 이는 결국 지난 고노에의 성명인 '국민당 정부를 상대하지 않겠다'는 정책을 전환한다는 의미였다.

성명 발표 후 12월에 들어서 고노에는 또다시 사임의 뜻을 내비쳤다. 육군이 추진하고 있는 왕 정권 수립 모략에 대해 기대하기 힘들었기 때문이다. 또한 여러 방면에 걸쳐 한계에 도달한 상황에서 전쟁은 장기전에 돌입할 수밖에 없으니 이제 그만두고 싶다고 토로했다. 이처럼 고노에는 내각을 구성한 후에도 때때로 사임의 뜻을 내비치며 주변, 특히 궁중 그룹을 곤혹스럽게 했다.

1938년 12월 왕자오밍이 충칭을 탈출하여 하노이에 도착하자, 이에 보조를 맞추어 고노에 성명이 발표되었다. 이는 일본군에 의해 새롭게 만들어지는 왕 정권에 대한 대외적인 요구사항이었다. 성명에서 일본 정부는 신정권에 대해 만주국과 국교를 수립할 것, 공산주의 세력의 존재를 불허할 것을 요구했다. 이를 위해 중일방공협정을 체결하고, 특정 지역 일본군의 방공을 목적으로 한 주둔을 허락하고, 내몽고를 '특수방공구역'으로 할 것과 함께 경제 관계에서는 중일 합작을 실현하도록 요구했다.

실제 고노에는 군이 추진하고 있었던 모략, 즉 왕 정권 공작에 대해 그다지 관심도 기대도 하지 않았던 것으로 보인다. 앞서 거론했듯이 왕 정권 공작이 진행 중인 상황에서 사의를 표명하기도 했고, 왕이 충칭을 탈출하는 데 두 번이나 날짜를 변경한 것을 두고 고노에는 "어차피 중국인의 일이다. 왕에게 한 방 먹었네(岡義武, 『近衞文麿-「運命」の政治家』, 岩波新書, 1988)"라고 발언했다고 한다. 즉 고노에는 장이든 왕이든 처음부터 중국인에 대해서 신뢰가 없었던 것이다. 이는 상대를 동등한 대화 상대로 인정하지 않는 아시아에 대한 차별적 인식의 면면을 드러낸 것이기도 했다.

수상에서 추밀원 의장으로

내각 내내 의기소침해져 내각을 던져버리고 사임하려 했던 고노에는 결국 1939년 1월 총사직했다. 총사직 후 추밀원 의장이었던 히라누마 기이치로(平沼 騏一郎)가 내각을 조각하고 고노에는 추밀원 의장으로 취임했다.

한편 괴뢰 왕 정권을 난징에 수립하지만 중일전쟁의 해결에는 이르지 못하자, 육군의 초조함은 한계에 다다르고 있었다.

이때 유럽에서는 독일이 폴란드를 침공하고 제2차 세계대전이 시작되었다. 독일은 무서운 속도로 유럽 지역을 하나하나 점령해가고 있었다. 일본 내에서는 이러한 유럽의 상황을 적극 이용하자는 주장이 제기되기 시작했다. 이번 기회를 일본에 유리하게 활용해야 한다는 분위기가 고조되면서, 다시금 새로운 영토 확장을 모색하기에 이르렀다.

　이러한 독일 승전에 고취되어, 이에 편승하고자 하는 일본 국내의 분위기가 무르익어가는 가운데 고노에가 1940년 6월 추밀원 원장을 사임하고 성명을 발표했다. 그 내용은 내외의 정치변동에 대응하기 위해서는 '강력한 거국정치체제'를 확립할 필요가 명료해졌다고 지적하며 고노에 자신이 추밀원 의장을 사임하고 이와 같은 '신체제' 수립을 위해 미력을 다하겠다고 밝혔다. '거국체제'의 구체적 내용, 그것을 구체적으로 실현하기 위한 방책에 관해서는 앞으로 각 방면의 의견을 듣고 신중하게 고려하여 그것을 실현하는 데 노력하고 싶다고 밝혔다. 말하자면 고노에를 중심으로 한 신체제 수립을 위한 본격적인 움직임이 공식화된 것이었다.

　앞서 언급했듯이, 고노에를 옹립하려는 고노에 신당운동은 이미 1935년경부터 정당관계자에 의해 구상되었으나 고노에 자신이 흥미 내지 관심을 내비치지 않아 현실화되지 않았다. 그러나 1937년 고노에 자신이 내각을 직접 조각하게 되면서, 자신이 이끄는 정당에 관심을 가지기 시작했다. 이는 의회대책의 관점과 군부에 대한 통제관점에서였지만, 제1차 고노에 내각 아래서의 신당운동은 결국 고노에 자신의 우유부단한 대응으로 실현되지 않았었다.

그런데 유럽을 중심으로 세계정세가 급변하고 이에 따라 일본도 요동치고 있었다. 이런 불안정한 상황에서 다시금 고노에에 대한 기대치가 높아졌던 것이고, 이에 고노에가 답을 낸 것이 추밀원 의장 사임이었다.

제2차 고노에 내각의 조각

고노에가 추밀원 의장을 사임하고 신체제 수립을 공식적으로 천명함에 따라 육군은 고노에에 대해 기대를 걸고 요나이 미쓰마사(米内光政) 내각을 무너뜨린다. 그리고 1940년 7월 22일 육군의 강한 요구에 의해 제2차 고노에 내각이 발족했다.

조각 다음 날 고노에는 '대명을 받아서'라는 제하의 라디오방송을 했다. 여기에서 고노에는 다음과 같이 조각의 포부를 밝혔다.

종래의 세계질서는 유럽에서부터 시작되어 세계의 다른 지역으로까지 파급되고 있다. 세계의 중대한 변국에 앞서 국내 체제를 일신해야 한다. 지금까지 정당은 두 가지 폐해가 있었다. 하나는 자유주의, 민주주의, 사회주의 등을 취하고 있어 이는 우리의 국체와 맞지 않는다. 또한 정당은 정권 쟁탈을 목적으로 하고 있어 이는 대정익찬의 길에 어긋나는 것이다. 이러한 폐해를 제거하고 일본 본연의 모습으로 돌아와, 정당뿐만 아니라 문무, 육·해군, 조야, 상하 모두 일심이 되어 대정(大政: 천황이 행하는 정치)을 익찬(翼贊: 천황을 보좌해서 정치를 행하는 것)해야 한다.

삼국동맹의 체결

제2차 고노에 내각 발족 후 며칠이 지난 7월 27일 내각은 대본영 정부연락회의에서 〈세계정세 추이와 관련한 시국처리요강〉을 통해 독일의 연승이 이어지고 있는 국제 상황을 반영하여, 독일과 이탈리아의 정치 결속을 강화하고 무력 남진 정책을 추진한다는 국책의 방향을 결정했다. 이에 따라 22일에는 프랑스령 인도차이나 북부에 일본군의 파병이 개시되고, 27일에는 일·독·이(일본·독일·이탈리아) 삼국동맹조약이 조인되었다. 고노에 수상은 삼국동맹 조인 후 다음 날 '일독이 삼국동맹 체결에 즈음해서'라는 제하의 라디오 방송을 했다.

현재 독일과 이탈리아는 유럽에서 신질서를, 일본은 아시아에서 신질서를 건설하려고 하고 있다. 세계의 제 민족이 몇 개의 공존 공영권을 만들려는 것은 필연적인 움직임이다. 이러한 필연적인 경향을 저지하려는 움직임에 대해 유럽에서는 제2차 세계대전이 일어나고 동아에서는 '준전시적 국제관계의 긴장'이 생겨났다. 일·독·이 삼국이 협력하고 경우에 따라서는 군사동맹으로서 위력을 발휘해야 한다. 그러한 의미에서 일본은 국난에 직면해 있다. 정부는 '만민 익찬의 체제'를 확립하여 적극적으로 이 난국을 타개하고자 하고 있다.

고노에는 이렇게 국민의 적극적 협력과 더불어 희생을 강조했다.

대정익찬회의 성립

제2차 고노에 내각 발족 3개월 후, 고노에가 제창한 신체제의 구체적 조직으로 대정익찬회가 10월 성립되었다. 고노에가 구상하고 있었던 신체제는 국민의 조직화를 통해 신당을 수립하고 그 정치력을 배경으로 군부를 통제하고자 했다. 6월 고노에가 추밀원 의장을 사임하고 신체제 운동을 공식화하자 정우회·민정당 등 기성 정당은 앞다투어 정당을 스스로 해산해버렸다. 하루라도 빨리 주도권을 장악하기 위한 행위였지만 고노에에게는 상당히 당혹스러운 행위였다.

사실 고노에는 내각이 구성되고 나서 신체제운동에 대해 의욕을 상실하고 있었다. 그의 측근인 고도 류노스케에게 이미 정권의 자리에 앉고 난 뒤에 진행되는 신체제운동은 국민운동이라고 할 수 없으므로 그만둘까 한다고 토로했다(『後藤隆之助氏談話速記録』, 内政史研究会, 1968).

그러나 주위의 만류에 마지못해 일은 진행되어 8월 고노에는 신체제준비회를 발족시키고 자신은 위원장으로 신체제의 구체화 작업에 돌입했다. 그러나 여기 신체제준비회에는 각계 각층의 다양한 사상을 가진 인물들이 참여하고 있어, 의견 하나 정하는 것조차 쉽지 않았다.

위원장이었던 고노에는 시종 무관심한 태도로 방관하고, 적극적으로 회의를 지도하고 진행하려고 하지 않았으며 회의 도중에 귀가해버리기도 했다. 결국 신체제준비회에서는 회의 명칭인 대정익찬회만 결정하고 강령 선언조차 결정하지 못하고 이를 고노에에게 일임했다. 강령과 선언 등의 입안 작업을 진행하던 고노에는 "귀찮으니까 그만두자(有馬頼寧, 『政界道中記』, 日本出版協同, 1951)"며 발회식 당일 새벽 2시에 포기해버렸다. 그리고 10월 12일 대정익찬회 발족식에서

총재의 자격으로 단상에 선 고노에는 청중을 향해 "본 운동의 강령은 대정익찬의 신도 실천이다. 이 이외의 강령도 선언도 없다"고 발언하여 주위를 아연실색하게 했다. 그렇게 신체제의 운동체로서 대정익찬회가 발족되었다.

이러한 고노에의 소극적이며 모호한 태도는 대정익찬회 결성 후 소집된 제76회 제국의회에서 맹렬한 비난과 공격을 받게 되었다. 그리고 내각의 내상으로 입각한 히라누마 기이치로는 국회 정부 답변에서 대정익찬회를 공사결사로 규정하게 되고, 고노에 신당운동 이래 적극적으로 신체제운동에 관여해온 인물들이 회를 떠났다. 전국을 떠들썩하게 했던 정치신체제수립 기도 역시 고노에의 소극적인 자세로 인해 그 의미가 퇴색되어버렸다.

고노에는 전후 "내가 왜 이상론에만 고집하고, 정당의 대동단결을 강력하게 추진하지 않았는가 생각하게 된다. …… 한곳에 모두를 모아만 두어도 익찬회같이 이상하게는 되지 않았으리라 생각한다(『失はれし政治-近衛文麿公の手記』, 朝日新聞社, 1946)"고 회상하고 있다. 고노에는 어떤 난관에 봉착하게 되면 자신의 소신을 공적으로 피력하고 적극적으로 해결하려고 하기보다는, 방관자적인 자세로 제3자에게 해결을 일임하는 형태의 소극적인 태도를 보였다. 신체제 수립에서도 예외는 아니었다.

제3차 고노에 내각의 조각

앞서 언급했듯이 제2차 고노에 내각 아래서의 삼국동맹 체결과 프랑스령 인도차이나 북부 출병은 미국의 일본에 대한 경계심을 더욱 고조시키는 결과를 초래했다. 이러한 양국의 긴장을 해소하기 위한 정치적 교섭이 1941년 4월부터 본격화되었다.

그러나 미국과의 교섭이 진전이 없는 상황에서 6월 독일이 소련을 침공했다. 이러한 독일의 행위는 일본 내에 큰 충격파를 안겨주었다. 마쓰오카 요스케(松岡洋右) 외상은 이번 기회에 소련을 공격하자는 의견을 주장했다. 하지만 육·해군은 이번 기회에 프랑스령 인도차이나 남부에 진출하자고 강하게 주장했다. 이에 고노에도 "통수부가 하자고 한다면 해야지(参謀本部編, 『杉山メモ』上巻, 原書房, 1989)"하고 프랑스령 인도차이나 남부 출병에 긍정적인 태도를 보였다.

한편 고노에는 주위의 만류를 뿌리치고 제2차 내각 외상에 마쓰오카를 기용했다. 마쓰오카는 삼국동맹과 일소중립조약을 성립시키는 데 기여했다. 반면 그는 당시의 또 하나의 외교 현안이었던 미국과의 교섭에서 강경한 입장을 견지하여, 고노에를 곤란하게 했다. 미일 교섭을 타개하는 데 마쓰오카가 취한 강경한 입장으로 인해 문제가 해결될 기미가 보이지 않자 고노에는 결국 마쓰오카 외상 기용에 대한 책임을 지고 1941년 7월 16일, 총사직을 단행하였다.

수상 추천 권한이 있는 중신들이 후계 내각으로 여전히 고노에를 지지했다. 이에 따라 고노에는 몇몇 각료를 유임시키고 외상이었던 마쓰오카를 배제하고 도요다 데이지로(豊田貞次郎)를 기용했다. 도요다는 해군대장으로 미일 개전을 원하지 않고 있었다. 이는 도요다가 비록 전문적 외교관 출신은 아니지만 그를 기용한 것은 해군의 지지를 배경으로 미일교섭을 타개하고자 한 고노에의 노력이었다.

프랑스령 인도차이나 남부 출병의 오판

제3차 고노에 내각이 출범하자마자 일본은 제2차 고노에 내각에서 결정했던 프랑스령 인도차이나 남부 출병을 실행에 옮겼다. 미국은 이러한 일본의 움직임을 간파하고 미국 국무장관 헐(Cordell Hull)은 만약 일본이 프랑스령 인도차이나 남부에 출병하게 된다면 미일 교섭을 계속하는 것은 무익하다고 경고를 했다.

그러나 일본이 미국의 경고를 무시하고 실행에 옮기자 미국은 일본에 대해 경제제재를 가하기 시작했다. 7월에는 미국에 있는 일본의 자산을 동결하고 8월에는 일본에 대한 석유수출을 전면적으로 금지했다. 당시 일본은 대부분의 석유를 수입에 의존하고 있었으며 그 가운데 미국에 5분의 4를 의지하고 있었다. 결과적으로 미국의 대일 석유 수출 금지 조치는 일본에는 치명적이었다.

일본의 프랑스령 인도차이나 남부의 출병에 대해 미국이 이토록 민감하게 반응할 것이라고는 고노에도 전혀 예상하지 못했다. 전후 점령기에 수상을 지냈던 외교관 출신 시데하라 기주로(幣原喜重郎)는 그의 회고록에서 당시의 상황을 전하고 있다. 시데하라는 프랑스령 인도차이나 남부를 향해 출항한 사실을 얘기하는 고노에에게 즉시 배를 회항하지 않으면 미국과 전쟁이 일어난다고 경고했다. 하지만 고노에는 이를 제대로 납득하지 못했다. 즉 고노에는 "왜인가? 잠시 주둔하는 것뿐으로, 도전을 하는 것이 아니다, 라고 군부와 합의를 본 내용이다. 그것이 안 되는가(幣原喜重郎, 『外交五十年』, 中公文庫, 1950)"라고 사태를 안이하게 판단하고 있었다.

실현되지 못한 미일 정상회담

일본군의 프랑스령 인도차이나 남부 출병에 따라 미일 간의 교섭이 중단되고 해결의 실마리를 찾지 못한 고노에 수상은 미일 간의 정상회담으로 이 난국을 타개하고자 했다. 그러나 미국, 특히 헐 국무장관은 "일본이 현 상황을 유지하면서 아무런 실천적 양보도 없이 정상회담을 가진다면 필연적으로 회담은 아무런 성과도 없이 결렬될 것이며, 일본 군부는 그 책임을 미국에 전가하여 결과적으로 개전에 이용할 것"이라며 회담에는 상당히 신중하게 대응했다.

이러한 미국의 대응에 정상회담의 개최가 구체화되지 못한 상황에서 고노에 내각은 어전회의에서 1941년 9월 6일 「제국국책수행요강」을 결정했다.

이는 첫째, 10월 하순까지 개전 준비를 완료한다.

둘째, 이와 병행하여 외교 수단을 사용하여 미일교섭에 노력한다.

셋째, 10월 상순까지 교섭 타결 가능성이 없는 경우에는 바로 미일 개전을 결의 한다, 라는 내용이었다. 어전회의 전날 고노에는 「제국국책수행요강」안을 천황에게 내대신 기도를 통하여 전달했다. 내용을 살펴본 기도는 고노에에게 개전 날짜를 못박은 것에 대해 상당히 위험하다며 이를 변경할 수는 없는가, 라고 반문하지만, 고노에는 이렇게 답했다. "이미 결정된 것이라 곤란하다. 나 자신으로서는 미일 교섭 타결을 위해 전력을 다할 뿐이다(『木戸幸一関係文書』, 東京大学出

版会, 1966)."

어전회의에서 「제국국책수행요강」을 결정한 당일 저녁, 고노에는 비밀리에 주일 미국대사 그루(J. C. Grew)와 3시간에 걸쳐 회담을 했다. 여기에서 고노에는 대통령과의 회담을 통해 미일 간의 의견 대립이 해결 가능하다고 주장했다. "상세한 협정을 만들려면 시간이 필요하나, 지금 일본은 타국들의 경제적 제재에 의해 국민들의 분노가 하루하루 높아만 가고 있는데, 세세한 협정이 결정된다고 한들 국민들이 이를 받아들일지 보증할 수 없다. 그러나 지금이라면 자신이 국민을 이끌어 세세한 부분에 곤란이 있을지라도 이를 충분히 극복할 수 있다고 보증한다"며, 미일 정상회담이 실현되기를 희망했다. 그러나 결국 미일 정상회담은 실현되지 못했다.

제3차 고노에 내각의 총사직

미국과 전쟁을 하는 데 대한 육군과 해군의 입장은 조금 차이가 있었다. 해군은 표면적으로 미일 개전을 어쩔 수 없다는 입장을 표명하면서도 내심 미국과 교섭을 잘 진행해 전쟁을 피하고자 하는 생각이 있었다. 반면 육군은 미국에

대해 강경한 자세를 견지하며, 특히 미국이 요구하는 중국에
서의 일본군 철병에 대해서는 절대 반대 입장을 고수했다.

이러한 상황에서 미일 교섭 상한선인 10월 15일이 다가
오지만 교섭 타결의 기미가 보이지 않자 고노에는 기도 내
대신을 만나 사임의 뜻을 내비친다. 하지만 기도 내대신은
10월 15일 기한은 바로 고노에 자신이 정한 것이므로 이 상
태에서 사직하는 것은 무책임한 일이라며 신중하게 대응할
것을 권고했다.

결국 스스로 결정한 기일이 다가오지만, 요강에 대한 재
검토를 지시하거나, 아니면 미일전쟁의 개전도 결정할 수 없
었던 고노에는 총사직을 단행했다.

후계 내각은 미일 개전을 강력하게 주장했던 도조 히데키
(東條英機)가 이끌게 돼, 일본은 미일 교섭을 포기하고 12월
8일 태평양전쟁에 돌입했다.

미일 개전에 대한 고노에의 입장

진주만을 기습 공격하여 미국 태평양 함대에 타격을 가한
후 초기 전황은 일본의 승리로 장식되고 있었다. 일본 국민
은 승리에 도취되어 열광하고 환호했다. 그러나 고노에는 사

뭇 침통하게 미일 개전을 바라보았다. 1942년 새해 인사차 황거에 다녀온 고노에는 승리에 도취한 정치 지도층들의 행태를 보며 탄식하면서 이러한 승리의 전황은 길어야 1년이라고 단언했다.

한편 이러한 전황을 배경으로 세상은 미일 교섭을 지속하며 가능한 전쟁을 회피하고자 한 고노에에 대해 비겁자, 겁쟁이라고 멸시하고 냉소하는 자들이 생겨났다. 군부에서도 고노에가 전쟁 비협력자라는 의혹을 거두지 않았다.

고노에 특사의 좌절

태평양전쟁의 승전보는 그리 오래가지 못했다. 1942년 6월 미드웨이 해전을 전환점으로 전쟁의 주도권은 차츰 미국이 장악하게 되었다. 개전을 반대했던 고노에는 드러나는 공적인 활동은 자제하고 있었다. 다만 그는 중신으로 정권 교체 시 차기 수상을 추천할 역할이 주어져 있었기에, 1944년 7월 도조 내각의 총사직에 따른 차기 수상 추천을 위한 중신 회의에 참석했다. 이 자리에서 고노에는 드물게 발언을 많이 했는데, 그 핵심은 공산혁명의 위험에 대한 것이었다. 고노에는 육군의 내부에 십수 년 전부터 좌익사상이 존재하고 있으며, 현재 군관민이 상호 연락을 취하며 좌익혁명을 도모하고 있다고 지적했다. 전쟁에 패하더라도 복구하면 되지만, 공산혁명이 일어나면 천황제도 모두 다 잃어버리게 된다며 공산혁명의 위험성에 대해 경고했다(『木戸幸一日記』下巻, 東京大学出版会, 1990).

1945년 5월 독일이 항복하고 6월에는 오키나와가 미군에 의해 점령되자, 일본은 대외적으로는 본토결전의 항전을 표명했다. 그러면서도 한편으로는 소련을 통한 전쟁 종결을 위한 중재를 도모했다. 그러나 이미 미국과의 얄타 비밀협정으로 대일전 참전을 모색하고 있었던 소련은 이러한 일본의 요구에 대해 시종일관 무시하는 태도로 일관했다.

결국 다급해진 스즈키 간타로(鈴木貫太郎) 내각은 고노에를 특사로 소련에 직접 파견하여 미국과의 중재를 부탁하려는 목적으로, 소련에 구체적인 일정에 대한 의견을 구했다. 하지만 앞서 지적한 이유로 소련은 고노에 특사에 대한 답변을 주지 않았다. 그러다 소련이 일본에 전한 것은 대일 선전포고였다. 결국 일본은 연합국의 항복 권고인 포츠담선언 수락을 결정하고 8월 15일 패전을 맞이하게 되었다. 결과적으로 고노에의 소련 특사 파견은 실현되지 못했다.

패전과 무임소대신 입각

1945년 8월 패전과 더불어 스즈키 내각이 총사직하고 히가시구니노미야(東久邇宮稔彦) 내각이 조각되었다. 히가시구니노미야는 자신이 정치에 대한 경험이 없으므로 고노에가 입각하여 자신을 보좌해주기를 희망하여 고노에가 부총리격의 무임소대신(내각을 구성하는 일원이지만 특정한 행정업무를 담당하지 않는 장관)으로 입각하게 되었다. 고노에 자신은 공산혁명에 대한 치안대책의 일환으로 전후 내각의 구성원이 되는 것을 거부하지는 않았다.

이러한 고노에의 입각에 대해 세상의 여론은 비판적이었다. 전쟁 초기 열광하던 국민들은 전쟁 수행 과정에서 많은 희생을 감내했지만, 결과적으로는 전쟁에 패하게 되면서, 결과적으로는 태평양전쟁을 촉발하게 된 중일전쟁에 대한 책임을 물어 고노에를 규탄하고 증오했다.

맥아더와의 회담

패전을 맞이한 일본은 맥아더(Douglas MacArthur)를 사령관으로 하는 GHQ(General Headqurters: 연합군최고사령관총사령부)

의 점령통치를 받게 되었다. 10월 4일 맥아더를 방문한 고노에는 자신의 지론인 공산혁명의 위기를 거론했다. 그는 맥아더에게 다음과 같이 건의했다.

이번 전쟁을 일으킨 것은 군벌과 극단적인 국가주의자이다. 미국은 오해를 하고 있지만, 황실을 중심으로 한 궁중 세력과 재벌이 오늘날의 이 사태를 초래한 것이 아니라 오히려 군부에 대한 브레이크 역할을 했다. 이들이 암살의 대상이 된 것이 바로 그 증거이다. 그리고 군부와 국가주의 뒤에는 좌익세력과의 암약이 있었으며, 그런 의미에서 오늘의 파국을 맞게 된 것은 군부와 좌익이 결합한 세력 때문이다. 만약 점령 당국이 군부와 국가주의자와 더불어 봉건세력 및 재벌을 제거하게 되면 일본은 쉽게 공산화될 것이다. 일본의 공산화를 방지하기 위해서라도 봉건세력 및 재벌을 온존시켜서 점진적 방법으로 민주주의를 육성해나가야 한다.

이에 대해 맥아더는 참고가 되었다며, 고노에에게 당신은 코스모폴리탄으로 세계 사정에 밝고 아직 젊으니, 당신이 앞장서 자유주의자를 규합하여 헌법 개정을 추진한다면 의회도 따라올 것이라고 답했다. 이에 고노에는 맥아더 사령관의 뜻에 따르겠다며 총사령부를 나섰다.

사실 점령 당국은 9월 11일 도조 히데키를 비롯하여 39명의 전범 용의자를 지정하여 체포했다. 이에 대해 고노에는 자신이 전범으로 체포되지 않을까 내심 걱정하던 차에 맥아더가 그에게 거는 기대를 보고 안도했다.

헌법 개정 조사에 임하다

고노에와 맥아더의 회담 다음 날, 히가시구니노미야 내각이 총사직하고 후계 내각으로 외교관 출신이며 친미영파인 시데하라 기주로(幣原喜重郎) 내각이 조각되었다. 맥아더로부터 헌법 개정의 추진을 의뢰받은 고노에는 10월 8일 애치슨(Dean Goodenham Acheson) 정치고문을 방문하여 헌법 개정과 관련된 미국의 의향을 전달받았다.

그리고 이를 기도 내대신에게 보고하고 점령 당국이 개정안을 제안하기 전에 우리들의 손으로 헌법을 개정해야 한다는 논리를 전개하며 기도를 설득했다. 결국 고노에는 시데하라 내각과는 별도로, 황실의 내대신부 소속으로 헌법 개정의 유무 및 개정 범위 등에 대해 조사를 하는 역할을 수행하게 되었다.

11월 22일 고노에는 천황에게 헌법 개정 요강을 제출하고 헌법 개정과 관련된 자신의 임무를 완료했다. 그 내용은 앞서 점령 당국과의 연락을 통해 그들이 원하는 내용을 반영한 것으로 후일 시데하라 내각에 설치된 헌법문제조사위원회가 기초한 헌법 개정안보다 민주적인 내용을 담고 있었다.

전범 용의자 고노에

1945년 11월 2일 점령 당국인 GHQ는 성명을 발표했다. 이는 일본헌법 개정과 관련하여 고노에의 역할과 관련해 중대한 오해가 있다고 지적하며, 연합국 당국이 고노에를 헌법 개정을 위해 선택한 것이 아니라는 점을 강변한 성명이었다. 점령 당국은 시데하라 수상에게 헌법 개정에 관한 지시를 내렸으며, 고노에가 헌법 개정에 관여하고 있는 것은 어디까지나 고노에와 황실 간의 관계이지, 점령 당국이 고노에에게 의뢰한 것이 아니라고 고노에와의 관련성을 전면 부인했다.

사실 점령 당국은 히가시구니노미야 내각 총사직 후에도 헌법 개정의 방향성에 대해 고노에와 연락을 취하고 있었다. 그럼에도 이러한 점령 당국의 태도의 돌변은 연합국내의 여론 악화 때문이었다. 즉 전범으로 체포되어야 할 고노에가 오히려 점령 당국과 긴밀한 관계를 유지하며 헌법 개정 문제까지 관여하고 있는 것에 대한 우려와 비판의 목소리가 고조되었다. 일본 국내에서도 고노에에 대해 비판적이며 부정적이었다. 이러한 점령 당국 태도의 변화는 고노에가 염려하고 있었던 전범 문제가 서서히 현실화되어가고 있다는 방증이기도 했다.

11월 9일 고노에는 미국 전략폭격단에 의해 조사를 받게 되었다. 미국은 1944년부터 일본이 패전하기까지 일본 전토에 걸쳐 전략적 공습을 감행했다. 그리고 그 전략적 효과에 대해 조사·분석하기 위해 조사팀을 파견, 일본인 군인과 정치가를 선별적으로 불렀다.

고노에는 처음부터 그 조사에 응하는 것을 굴욕적으로 생각하여 거부했으나, 패전국 입장에서 회피할 수 있는 사안이 아니었다. 9일 당일 고노에는 지금까지 조사받던 다른 참고인과는 달리, 직접 미 해군의 군함으로 끌려가 조사를 받게 되었다. 그 내용은 실로 검사가 피의자를 불러 심문하듯이 추궁한 것으로 고노에에게는 굴욕적인 것이었다.

그는 자신이 결국 전범으로 재판을 받게 될 것이라는 생각을 굳히게 되었다. 자신은 미일 개전을 회피하려고 노력했기에 전범으로 추급당하지 않을 것으로 생각했지만, 미군이 생각하고 있는 것은 자신의 생각과는 다르다는 것을 알게 되었다. 즉 미군은 태평양전쟁의 개전만을 문제삼는 것이 아니라, 그 개전에 이르게 되는 계기가 된 중일전쟁에서의 고노에의 역할과 책임을 집중 추궁했던 것이다.

11월 19일 점령 당국은 태평양전쟁 후반기에 수상을 지냈던 고이소 구니아키(小磯国昭)를 비롯하여 11명에게, 12월 2일에는 히라누마 기이치로를 비롯하여 59명에게, 마침내 12월 6일 고노에, 기도 등 9명에게 체포 명령이 내려졌다. 이 소식을 접한 고노에 비서관 다카무라 사카히코(高村坂彦)는 가루이자와 별장에 있는 고노에를 방문했다. 이때 다카무라는 고노에에게 천황에게까지 전범 혐의를 추궁당할 수 있으니 이를 막을 수 있도록 최선을 다해달라고 부탁했다.

이에 고노에는 침통한 표정으로 답했다. "다카무라에게 군사법정에서는 피고의 진술을 토대로 죄를 단죄하는 것이 아니다. 정치적 의도에 의해 재판이 진행된다. 따라서 내가 할 수 있는 것은 아무것도 없다. 수상으로서의 책임을 분명히 하게 되면, 오히려 국무에 관한 것으로 제한되어, 통수권자인 대원수 천황의 책임이 분명해진다. 더욱이 미국이 천황 처벌의 방침을 정했다면 나의 변호는 아무 소용이 없다" 다만 그는 비서관과 나눈 대화에서 몇 번이나 재판을 받는 것에 대해 굴욕적이라는 심경을 토로했다.

또 출두 소식을 접하고 찾아온 오랜 친구인 신문기자에게 이렇게 탄식하며 말했다. "나의 주변에 지금까지 찾아온 많은 사람들, 우·좌 불문하고 여러 사람이 나를 둘러싼 것이 오늘의 나의 운명을 결정한 것이다. 이것은 나의 책임이기도 하고, 슬픈 현실이기도 하다." 또한 "전쟁 전에는 연약하다고 모독하고 전쟁 중에는 평화운동가라고 매도하고, 전쟁이 끝나니 범죄자로 지탄 받는다. 나는 운명의 자식이다(岡義武, 『近衛文麿-「運命」の政治家』, 岩波新書, 1988)."

미일 개전의 결정은 도조 히데키에게 일임하고 자신은 내각에서 물러났기에, 개전 책임이라는 굴레에서 벗어나 자유로울 거라고 생각한 고노에는 전쟁 중에도 전쟁이 패한 후에도 자신이 전쟁 범죄인으로 실제 구속되리라고는 꿈에도 생각하지 못했기에 그의 충격은 상당한 것이었다.

고노에가 출두 명령을 받은 날짜는 16일, 고노에는 건강상의 이유를 들어 출두 연기를 점령 당국에 타진해보았다. 하지만 점령 당국이 "연기는 불가능하다는 것과 이후 더 이상 이와 같은 행동을 취하는 것은 고노에에게 이롭지 않다"는 답신을 전했다. 그러자 고노에는 더욱 상심하고 의기소침해졌다.

결국 출두 당일인 16일 새벽 고노에는 음독자살로 생을 마감했다. 그의 나이 54세였다. 잠자리에 들기 전 고노에는 둘째 아들에게 자신은 지금까지 천황제 유지를 위해 노력해 왔으나 장래 일본은 공산화할 위험이 있으니 고노에 집안

사람으로서 천황제 보호를 위해 노력하도록 당부했다. 그리고 종이에다가 글을 적어서 아들에게 건네주었다. 결과적으로 이것이 고노에의 유언이 된 것인데, 종이에는 다음과 같이 적혀 있었다.

나는 중일전쟁에 대한 책임을 느꼈기에 이 전쟁의 해결을 최대의 사명으로 삼았다. 그리고 이 해결의 유일한 길은 미국의 양해에 있다는 결론에 도달하여 미국과의 교섭에 전력을 다했다. 그 미국으로부터 이제 범죄인으로 지명을 받게 되니 심히 유감으로 생각한다. ……패배자의 과도한 비굴과 고의적 중상과 음해에 근거한 유언비어와 이른바 여론이라는 것도, 언젠가는 냉정을 되찾아 정상으로 돌아올 것이다. 그때 비로소 신의 법정에서 정의의 판결이 내려질 것이다.

(後藤隆之助,「人間近衛文麿」,『証言2私の昭和史』, 1969)

지금까지 살펴보았듯이 고노에는 중일전쟁은 자신이 의도한 바도 아니었으며, 자신의 의지와는 관계없이 일어난 일이다. 오히려 자신은 미국과의 전쟁을 피하기 위해 부단히 노력했다고 하는 의식이 강했다.

즉 전쟁에 대한 책임 의식이 상당히 희박했고, 이런 그의 인식은 점령 당국이 자신에게 내린 전범 용의자로서의 체포 명령을 불합리하다고 생각하게 만들었다. 이렇게 자신 눈앞에 펼쳐진 현실 앞에 귀족 정치가로서 타인이 감히 범할 수 없는 높은 프라이드를 지닌 그에게는 상당히 견디기 힘든 상황이었고, 그는 자신의 생명을 담보로 마지막으로 자신의 존엄성을 지키려고 했던 것이다.

제2장 고노에가 함께한 시대

고노에가 정치가로서 활동한 시대는, 우리가 알고 있는 현재의 일본과는 많이 다른 모습을 하고 있었다. 천황에게 모든 정치적 권력이 주어져 있었으며, 평민 위에 화족이라는 특별한 계급이 자리잡고 있었다. 반면 국민에게는 주권이 주어지지 않았으며 오로지 일본 국가를 위한 희생이 강요된 시대였다.

또한 고노에는 중일전쟁과 태평양전쟁이라는 일본의 대륙 침략 전쟁과 직간접적으로 관련을 맺고 있었으며, 때때로 그는 전쟁의 중심부에 위치해 있었다. 여기에서는 고노에가 정치적 활동을 전개한 시기를 중심으로 개관해보고자 한다. 고노에가 함께한 시대상을 통해 고노에가 남긴 정치적 유산의 의미에 한 발 더 다가갈 수 있을 것이다.

천황시대의 개막

1867년 12월 9일 왕정복고(王政復古) 쿠데타에 의해, 일본은 무사 도쿠가와(德川) 가문에 의한 지배에서 천황의 지배를 받게 되는 지배세력의 교체가 발생했다. 서구세력에 의한 위협이 고조되는 대외 환경의 변화 속에서, 종래 도쿠가와 막부에 의한 정치지배에서 배제된 세력이 중심이 되어 지배 권력을 장악한 것이었다. 즉 도쿠가와 막부(德川幕府) 타도를 도모하고 있었던 조슈(長州) 및 사쓰마(薩摩)번의 군사적 협력을 배경으로 천황 측근인 구게(公家: 천황을 보좌하는 귀족 또는 고위관료를 지칭) 이와쿠라 도모미(岩倉具視)가 어린 천황을 앞세워 왕정복고의 쿠데타를 단행하여, 막부를 폐지하고 정권을 조정에 귀속시켰다. 정치·경제적 기반을 부정당한 쇼군(將軍) 도쿠가와 요시노부(德川慶喜)는 이에 저항하여 내전(戊辰戰爭)을 일으키지만 결국 신정부세력에 굴복했다. 260여 년간 지속되어온 무사정권인 막부가 붕괴되고, 천황을 정점으로 한 새로운 정치 세력이 일본을 지배하게 된 것이다. 소위 메이지유신, 메이지(明治, 1868~1912)시대의 개막이었다.

도쿠가와 막부 시대에서는 효율적으로 지배 체제를 유지하고 피지배세력을 통제하기 위해 사농공상(士農工商)이라는 엄격한 신분제도를 두었다. 지배계급으로 최상위층에는 무사계급을 두었다. 천황은 현실 정치에서 배제되어 있었다. 막부 말기에 도쿠가와 정권이 약화되면서, 무사정권에 대한 대안으로 천황의 정치적 역할에 대한 기대가 고조되어가고 있었고, 그 결실이 메이지유신이었다.

왕정복고를 통해 천황을 정점으로 하는 새로운 지배질서를 세운 신정부는 노동력, 군인의 확보를 통한 부국강병을 도모하며, 새로운 지배질서에 맞는 신분제의 재편성을 추진했다. 이에 1869년 화족(華族)과 사족(士族) 신분을 신설하여, 화족에는 상층 구게(公家)와 번(藩)의 번주인 다이묘(大名)를, 사족에는 막부의 관료인 막신(幕臣), 번의 관료인 번사(藩士)를 그리고 기존의 농공상 신분은 평민으로 통합했다. 이를 신정부는 사민평등(四民平等)이라고 하여 대대적으로 선전했지만, 화족과 같은 특권계급의 존재를 용인하는 불평등한 신분제도였다.

제국헌법의 시행에 앞서 신정부는 1884년 화족령(華族令)을 제정했다. 이는 이원제를 채택하는 제국의회 개설에 앞서 귀족원(貴族院) 구성원 확보를 위한 포석이었다. 이에 따라 화족의 범위를 확대했다. 기존의 화족과 더불어 메이지유신의 공로자로서 군인, 관료, 실업가를 새로이 화족에 포함했다. 또한 이들에게 공(公)·후(侯)·백(伯)·자(子)·남(男)의 5단계의 작위를 수여하여 제도적으로 특권이 보장된 신분으로 강화했으며, 이들의 작위는 세습되었다.

이에 따라 만 25세 이상이 되는 공작·후작은 자동으로 종신 임기의 귀족원 의원이 될 수 있었으며, 백작·자작·남작은 호선(互選)으로 귀족원 의원이 될 수 있었다. 이러한 화족령 제정은 제국의회에서 국민투표에 의해 구성되는 중의원(衆議院)을 견제하기 위함은 두말할 나위가 없다. 즉 민의가 반영되는 중의원에 대항하여, 천황을 중심으로 하는 기득권 세력의 정치적 지배력을 유지하기 위한 조치였던 것이다.

민의를 반영할 수 있는 국회 개설운동인 자유민권운동의 성과로 1889년 제국헌법이 발포되었다. 제국헌법의 특징은 천황의 통치권 원천을 신화에 두어 인민주권이나 군민공치를 부정한 것으로, 천황에 주권이 있고, 신성불가침(神聖不可侵)한 존재로, 정치상이나 형사상의 책임을 지지 않는 즉 법에 대한 절대적인 존재로 규정되었다.

제국헌법에는 천황을 이러한 초법적인 존재로 규정하고 있을 뿐만 아니라 모든 권력도 천황에게 부여했다. 즉 국무대신 개개인의 보필에 의해 행사되는 국무대권은 입법, 관제 및 임관, 외교대권을 망라했다. 또한 천황에게는 통수대권(統帥: 군대를 통솔하고 지휘 명령하는 권한)이 부여되었다. 통수대권은 국무대신의 보필을 필요로 하지 않는 독립된 대권으로 수상이나 내각은 이에 관여할 수 없었다.

중요한 점은 천황의 통수권이 군부에 의해 정치적으로 해석되어, 그들의 정치적 지위를 보장받고 대외침략을 정당화하는 방편으로 이용되었다는 것이다. 또한 제도적으로 천황을 보필하기 위해 행정부와 별도로 궁중(宮中)에 내대신을 두었는데, 내대신은 황실문제뿐만 아니라 정치 제반에 걸쳐 천황의 눈과 귀의 역할을 수행했다.

제국의회에는 국민투표에 의해 구성되는 중의원과 황족, 화족, 칙선(勅選, 천황에 의해 선출) 등에 의해 구성되는 귀족원을 두어 민의를 견제하도록 했다. 여기에다가 천황의 자문에 응해 국무를 심의할 수 있는 추밀원(樞密院)을 두었다. 추밀원은 조약, 긴급칙령, 법률안 등의 중요 국무를 심의하며 경우에 따라서는 내각이나 의회의 기능을 제한하는 측면도 있었다. 더불어 헌법에는 규정되어 있지 않으나 천황의 최고고문으로 원로(元老)를 두어 그들이 수상의 선출이나 중요국무의 결정에 관여했다.

이상과 같이 천황은 다양한 형태의 조직에 의해 보필을 받으며, 제국헌법에 명시된 행정·입법·사법·통수권을 행사하는 통치권의 총람자로서 그 누구도 범할 수 없는 절대적인 주권자로 1945년 패전까지 군림했다.

국제협조체제 베르사유 체제의 성립

제국헌법에 의해 절대적 권력을 확보한 메이지 천황은 청일전쟁을 일으켜 타이완을 식민지로 확보하고, 다시 러일전쟁을 통해 남사할린을 영토에 편입했다. 그리고 불법적으로 조선을 병합하여 일본의 식민지로 삼았다. 제국 일본의 영토 확장에 매진했던 메이지 천황이 1912년 7월 사망하고, 다이쇼 천황이 즉위하면서 일본은 다이쇼(大正, 1912~26)시대에 접어들었다.

다이쇼기에 접어들어 세계는 곧 제1차 세계대전의 전란에 휩싸이게 되었다. 일본은 실질적으로 유럽 지역에서의 전투에 참여하지는 않고 중국에 있는 독일의 권익을 장악하는 것을 목적으로 하여 연합국 일원으로 참전했다.

제1차 세계대전은 1918년 연합국의 승리로 끝났고, 이듬해 파리에서 독일과의 강화회의가 열렸다. 1919년 파리의 베르사유 궁전에서 회담이 열려 독일과 연합국 간에 베르사유조약이 체결되었다. 일본은 전승국의 일원으로, 사이온지 긴모치(西園寺公望)를 수석전권으로 참석시켰다. 강화회의 결과, 일본은 베르사유조약에 의해 중국 산둥성에서의 독일의 권익을 계승하고, 적도 북쪽에 위치한 독일령 남양군도(마리아나제도, 팔라우제도 등)의 위임통치권도 획득했다. 이러한 열강의 불합리한 결정에 대해 중국은 반발하고 산둥성의 독일권익에 대한 반환을 요구했지만 받아들여지지 않았다. 그 결과 중국에서는 일본제품 불매운동 등 배일운동이 고조되었다.

이처럼 파리강화회의 결과로 조인된 베르사유조약에 의해 만들어진 국제 협조적 새로운 세계질서를 '베르사유 체제'라고 한다. 1차 세계대전을 통해 전차, 비행기, 독가스 등의 근대병기가 본격적으로 사용되며, 유럽 각국은 국력을 소모하는 총력전을 경험했다. 이러한 경험을 통해 전쟁 종결과 더불어 분쟁의 해결 수단으로써의 전쟁을 부정하고 더 나아가 군축, 평화를 갈구하는 기운이 고조되었다.

미국 윌슨(Thomas Woodrow Wilson) 대통령의 14개조평화원칙 제창에 의해 국제분쟁을 평화적으로 해결하고 전쟁의 재발을 방지하려는 노력의 일환으로 1920년 국제연맹이 발족되었다. 제1차 세계대전의 전승국으로, 국제연맹의 상임이사국으로 국제적 지위가 격상된 일본은, 베르사유 체제 내에서 대외적으로 미영과의 국제협조노선을 견지하려는 태도를 취했다.

경제공황의 늪에 빠진 일본

일본은 제1차 세계대전 동안 미증유의 경제적 이익을 취할 수 있었다. 그러나 전쟁이 종결되면서 경제상황은 악화되기 시작했다. 제1차 세계대전 종결에 의해 유럽제국의 부흥이 진행되고 그 상품이 아시아시장에 재등장하게 되자, 대전 중의 호경기는 사라지고, 일본경제는 불황에 처하게 된다. 일본의 해외시장은 축소되고 1919년 이후 무역은 현저히 수입초과가 되었다. 호경기 중에 생산설비를 확충했다가, 전쟁 종결 후 소비시장이 축소되어 생산 과잉에 빠져버린 공장, 회사 등의 도산과 정리·축소 등이 줄을 이었고 노동자와 봉급생활자는 실업의 위기에 직면한 전후 공황이 발생했다.

설상가상으로 1923년 9월 1일 발생한 관동대지진으로 도쿄, 요코하마를 중심으로 한 상공업지대가 파괴되고, 지진의 피해에 따라 기업 어음이 지급불능 상태에 빠지게 되었다. 이에 정부는 지급 유예령을 내리고 일본은행에 융자하여 어음에 따른 은행의 손실을 일시적으로 보전해주었다. 그러나 재해어음이 불량 채권이 되어 지급 불능이 되면서 은행의 신용불안을 야기하게 되고 경제 불황은 장기국면으로 들어서게 되었다.

1926년 다이쇼 천황이 사망하고 장남 히로히토가 즉위하여 쇼와(昭和, 1926~1989)시대가 개막되었다. 그러나 다이쇼기에 이은 경제 불황은 일본을 강하게 짓누르고 있었다. 앞서 언급했듯이 일본경제는 제1차 세계대전 후의 공황과 지진에 휘말려 만성적인 불황에 빠져 있었다. 이러한 일본경제의 불황과 모순은 쇼와기에 들어와 금융공황이라는 미증유의 사태에 직면하게 되었다.

지진 후 은행의 재해어음이 결제불능에 빠지자 일본은행의 특별융자로 일단 고비를 넘겼으나 여전히 상당한 액수가 미결제로 남아 있었다. 1927년 제국의회에서 일부 은행의 부실 경영이 드러나면서 이것이 도화선이 되어 은행의 인출사태가 발생하고, 각 지역의 중소은행이 신용을 잃고 휴업하는 은행이 속출하는 금융공황으로 확산되었다.

금융공황을 계기로 중소은행은 통폐합되고 재벌은행인 미쓰이·미쓰비시 등의 대은행 지배력이 한층 강화되었다. 이들 재벌은 정치자금의 공여를 통해 정당과의 관계를 긴밀하게 하고 정치에 대한 발언권을 증대시켜 나갔다. 이러한 자본가와 정당 간의 유착관계는 정당과 재벌에 대한 반발을 불러일으키게 되었다.

전후 공황, 재해 공황, 금융 공황을 거치면서 허약해진 일본경제의 재건을 도모한 민정당의 하마구치 오사치(浜口雄幸) 내각은 국제 금본위제로의 복귀를 통해 외환시장의 안정을 도모하고자 했다. 일본은 1917년 금 수출 금지 조치 이후, 외환시장의 유동적이며 불안정한 상태가 지속되었다. 또한 공업의 국제경제력이 취약했고, 이어지는 공황에 정부가 방출한 과도한 구제 금융에 의해 국내 물가는 인플레 현상이 일어나, 수출이 위축된 반면 수입이 증가하여 무역수지가 악화된 상태였다.

이에 재정적 긴축 정책을 통해 팽창 경향에 있었던 재정을 긴축하여 물가의 인하를 꾀하고, 산업합리화를 촉진하여 국제경쟁력 강화를 도모했다. 이러한 경제적 조치와 병행하면서 1930년 1월에는 금 해금 조치를 단행하여, 외환시장의 안정과 경제계 안정을 도모하고자 했다.

그러나 1929년 10월 뉴욕의 월가에서 주식의 대폭락이 일어나, 미국에서 시작된 공황은 세계공황으로 이어지고, 그 영향은 일본을 강타했다. 금 해금 조치에 의한 무역 확대 조치는 오히려 일본을 불황의 늪에 빠지게 했다. 쇼와 공황이다. 수출은 격감하고 외국으로부터 저렴한 상품이 수입되어 경제계는 혼란에 빠졌다. 이로 인해 생산은 크게 위축되어 기업의 조업단축·도산이 급증했고, 산업합리화에 의해 임금의 삭감·해고 등 구조조정이 강행되어 실업자가 증가했다.

또한 쇼와 공황 발생 후 각종 농산물 가격이 폭락하고 특히 생사(生絲)의 대미 수출이 격감하면서 양잠 가격이 크게 하락했다. 도시의 실업자가 귀농함에 따라 도호쿠 지방을 중심으로 농가의 빈곤은 현저해지고, 결식아동과 여자의 매매가 속출했다.

국민 사이에서는 정당내각의 경제정책에 대한 비판이 고조되고, 정당정치와 재벌에 대한 불신감이 확산되었다. 이러한 거듭된 공황으로 인한 사회·경제 불안정 상황은 군부를 중심으로 한 급진적 파시즘운동이 대두하게 되는 계기가 되었다.

만주 권익의 확보

1905년 러일전쟁의 결과 일본은 뤼순, 다롄의 조차권과 뤼순에서 창춘을 연결하는 남만주 철도의 권익을 획득하여, 이들 만주에서 확보한 권익 보호와 철도 수비를 위해 관동군을 만주에 주둔시키고 있었다.

한편 중국에서는 민족운동이 고양되고 반일감정이 고조되고 있었으며, 관동군의 음모에 의해 살해당한 만주 지역

군벌인 장쬒린(張作霖)의 사후 그의 아들 장쉐량(張學良)은 장제스(蔣介石)와 제휴하여 항일의 입장을 취하며 만주철도에서 얻은 권익을 중국으로 되돌리려는 움직임을 보이기 시작했다.

결국 일본은 이러한 상황을 타개하기 위해 관동군을 중심으로 직접적 군사 행동을 일으키게 되었다. 이것이 바로 만주사변(滿洲事變)이다.

관동군은 1931년 9월 18일에 펑텐 교외의 류탸오후에서 남만주 철도를 폭파하는 자작극을 일으킨 후 이를 중국군의 소행으로 하여, 군사행동을 개시했다. 펑텐의 장쉐량 군사 본거지를 공격하고 만철 연선의 주요 도시를 점령했다.

제2차 와카쓰키 레이지로(若槻札次郞) 내각은 불확전방침을 내세웠지만 군부는 이를 무시하고 점령지를 확대해갔다. 관동군의 행동에 보조를 맞추어 식민지 조선에 있던 조선군이 독단으로 불법 월경을 단행하여, 전쟁은 전면전으로 확대되기 시작했다. 전쟁 수습에 자신을 상실한 와카쓰기 내각은 12월에 사직하고, 정우회의 이누카이 쓰요시(犬養毅) 내각이 들어섰다. 관동군을 비롯한 군부는 정부의 불확전 방침에도 불구하고 계속 점령지를 확대해나갔고 만주 일대는 관동군의 점령하에 들어가게 되었다.

관동군에 의한 만주 점령은 단순히 남만주의 기득권익을

유지·확보하려는 소극적인 목적의 행동이 아니라, 장래적으로 소련이나 미국과의 전쟁을 고려한 전략적 거점을 확보함과 동시에 군부가 추진하고 있었던 국방 국가 건설을 위한 하나의 프로세스이기도 했다.

전쟁이 개시되자, 일본의 유력 신문들은 일본군의 행동을 찬미하는 기사와 사진으로 신문을 도배하며 전쟁열기를 부추겼다. 이러한 언론의 활동에 의해 만주사변에 대한 국민들의 전폭적인 지지 여론이 형성되었다.

군부는 1932년 3월 청조의 폐제였던 푸이(溥儀)를 국가원수인 집정으로 하여 만주국(滿洲國)을 건국하고, 만주를 중국으로부터 분리시켰다. 각 대신은 만주 주민이 취임했지만, 실제는 관동군 사령관의 지배 아래에 있었던 일본인 관리가 실권을 장악했다. 만주국은 일본의 괴뢰국가로 관동군사령관의 지배 아래에 중국침략의 전진기지가 되었다. 만주국을 승인한 국가는 독일, 이탈리아 등 몇 개국에 불과했다.

중국공산당과의 내전을 우선시하고 있던 장제스는 만주에서의 군사행동에는 소극적이었다. 그 대신 일본의 행동을 불법으로 간주하여 국제연맹에 제소했다. 초기 일본의 군사행동을 지켜보던 구미열강은 일본이 계속 군사행동을 확대하자 일본의 행동을 강하게 비난하기 시작했다. 국제연맹은 이에 1931년 12월 조사단의 파견을 결의하고 이듬해 1월 영국의 리튼경을 단장으로 프랑스, 이탈리아, 독일, 미국의 각국 대표로 구성한 리튼 조사단을 현지에 파견하여 3월 조사에 착수했다.

만주국 승인을 주저하던 이누카이 내각이 1932년 5·15 쿠데타 사건으로 총사직하자, 해군출신의 사이토 마코토(齋藤実)가 내각을 조각했다. 국제연맹에 의한 조사보고서가 제출되기 전에 만주국의 존재를 기정사실화하고자 한 일본은 만주국과 9월 일만의정서(日滿議定書)를 체결하여 만주국을 승인하고 일본의 권익과 일본군의 주둔을 보장받았다.

1932년 10월에 발표된 리튼 보고서는 관동군에 의한 행위를 자위를 위한 행동으로 인정하지 않았으며, 만주국의 건국 또한 만주 주민에 의한 자발적 행동으로 인정하지 않았다. 국제연맹 탈퇴를 부추기는 국내여론이 고조되는 가운데, 1933년 2월 국제연맹 보고서에 의거한 권고안이 임시총회에서 찬성 42 대 반대 1(일본)로 가결되자, 일본 정부는 국제연맹을 탈퇴했다. 이로써 일본은 1920년대 견지해온 국제협조노선에서의 일탈을 개시했다.

정당 내각의 붕괴

1930년대에 들어와 육·해군의 군인과 우익에 의한 파시 즘운동이 고조되었다. 이들은 국가위기와 국민의 궁핍한 생활의 원인이 지배층의 무능과 부패에 있다고 보았다. 이를 타개하기 위해서 정당정치인을 수반으로 하는 정당 내각과 이를 지지·지원하고 있는 원로·재벌 등의 지배층을 배제하고, 군 중심의 내각을 수립하여 내외정책의 전환을 도모하고자 했다.

만주사변이 발발하기 전, 도쿄에서 첫 시도가 있었다. 소위 3월사건이다. 1931년 3월 군의 비밀결사인 사쿠라카이(櫻會) 간부와 우익인 오카와 슈메이(大川周明) 등이 대중을 동원하여 사회 혼란을 야기하고, 이를 이유로 군이 계엄령을 선포하여 우가키 가즈시게(宇垣一成)를 수반으로 하는 군사정권을 수립하려고 했으나 미수에 그쳤다.

10월에는 관동군의 군사행동인 만주사변에 호응하여 와카쓰키 수상 및 시데하라 외상을 살해하고, 계엄령을 선포하여 아라키 사다오(荒木貞夫)를 수반으로 하는 군사정권을 수립하려는 쿠데타 계획이 사전에 발각되어 미수에 그쳤다.

그러다 이듬해 실제 테러에 의한 피해자가 발생했다. 혈맹단(血盟團) 사건이다. 우익 이노우에 니쓰쇼(井上日召)가 농

촌청년을 중심으로 조직한 혈맹단이 2월에는 이노우에 준노스케(井上準之助)를, 3월에는 단 다쿠마(團琢磨)를 살해한 사건으로 이들은 정·재계 인사 20여 명을 암살하려는 계획을 세우고 그것을 실행에 옮겼던 것이다.

3개월 뒤인 5월 15일에는 해군의 급진청년장교, 육군사관후보생, 혈맹단 단원들이 수상관저·내대신 관저 등을 습격하여 이누카이 수상을 살해한 5·15 쿠데타 사건이 발생했다.

앞서 살펴본 바와 같이 민정당의 제2차 와카쓰키 내각은 만주사변의 발발로 총사직했고, 정우회의 이누카이 내각은 5·15 쿠데타 사건으로 총사직하게 되었다. 이처럼 급진적인 군인들의 직접 행동에 의해 정당내각이 동요를 반복하자, 천황에게 후계 수상 추천의 역할을 담당하고 있었던 원로 사이온지는 정당내각으로는 군의 행동을 통제하기 힘들다고 판단했다. 이어 해군출신의 사이토 마코토를 천황에게 천거하고, 정당·관료·귀족원·군부 등 각 정치세력이 참가하는 거국일치내각을 조직했다. 이로써 정당정치인이 수반이 되는 정당내각의 관행은 겨우 8년 만에 붕괴되었다.

중국과의 전면전쟁 개시

1937년 7월 7일 베이징 교외의 루거우차오에서 일본과 중국군 사이에 충돌 사건이 발생했다. 야간 훈련 중이었던 일본군은 실종된 병사를 수색해야 한다는 명목으로 중국군과 충돌, 쌍방이 교전했다.

사건이 발생하자 불확전 방침을 천명했던 고노에 내각은 방침을 전환하여 화북(華北)지방으로 군의 파병을 결정하고 이번 사태를 '북지(北支)사변'이라고 명명했다. 즉 전투를 중국의 북부 지방으로 국한하고자 했다. 본국에서의 병력 증파에 따라 일본군은 대대적인 공세를 감행하여 베이징, 톈진 일대를 점령하여갔다.

한편 상하이에서는 주둔 중이던 해군육전대와 중국과의 전투가 8월 13일 개시되었다. 전선은 이제 중국의 중부지역으로까지 확대되었고 이에 고노에 내각은 9월 전면전으로의 돌입 태세를 세우고 이 싸움을 '지나(支那)사변' 즉 중일전쟁으로 개칭했다.

이에 중국은 국민당과 공산당이 항일민족통일전선을 결성하여 항전했다. 고전을 면하지 못하던 일본군은 고노에 내각의 상하이 파병 결정에 의해 국민당 정부의 수도인 난징을 함락시켰다. 전선은 날로 확대되어갔고, 사태는 전면전쟁으로 발전했다.

1937년 12월 난징이 함락되자, 고노에 수상은 독일을 중개로 한 화평공작을 중단하고 1938년 1월 16일, 향후 '국민당 정부와 상대하지 않겠다'는 성명을 내고, 국민당 정부와의 화평의 길을 닫아버렸다. 고노에 내각은 격렬하게 저항했던 장제스 정부를 배제하고, 중국에 친일 괴뢰정부의 육성을 도모했던 것이다.

1938년 가을에 접어들어 일본군은 중국의 주요 도시를 점령했지만, 작전 지역이 확대되면서 전쟁은 지구전의 양상을 띠게 되었다. 단기 결전의 의도가 어긋남에 따라 고노에 내각은 대중국 정책의 전환을 고려하게 되었다. 1938년 11월, 전쟁의 목적이 일본·만주국·중국의 협력에 의한 동아신질서의 건설에 있다는 '동아신질서 성명'을 발표하고 충칭을 거점으로 항전하고 있는 국민당 정부와의 화평 교섭 가능성을 시사했다. 이에 국민당의 유력자이자 무력이 아닌 외교로 전쟁을 해결하자고 주장해온 왕자오밍(汪兆銘)을 충칭에서 베트남 하노이로 탈출시켜, 1940년 난징에 왕을 주석으로 하는 친일정권을 수립하지만, 결과적으로 전쟁 종결에는 실패했다.

고도국방국가의 건설

1930년대 육군 내부에서는 두 종류의 그룹이 대립하고 있었다. 테러와 쿠데타 사건이 발생하는 가운데, 육군의 엘리트 관료인 나가타 데쓰잔(永田鉄山)·도조 히데키(東条英機)·무토 아키라(武藤章) 등이 정치적으로 이렇게 어수선한 상황을 이용하여 군의 발언력을 강화하고 있었다. 국가 개조를 지향하는 이들의 구상을 나타낸 것이 1934년 육군성이 발행한 『국방의 본의와 그 강화의 제창』이다. 국방을 최고의 가치로 두고, 국방을 목적으로 하는 국가를 일원적·합리적으로 운영할 수 있는 강력한 시스템, 고도국방국가를 건설하고자 했다. 이들을 '통제파(統制派)'라고 불렀는데, 이들은 같은 구상을 가진 혁신 관료들과 연대하여 파시즘 체제를 구축하고자 했다.

한편 아라키 사다오(荒木貞夫), 마사키 진자부로(眞崎甚三郎) 등의 영향을 받은 청년장교 중에서는 급진적인 파시즘 운동을 통해 일본 개조를 도모하고자 하는 움직임이 있었다. 이들은 무능한 궁중 세력과, 부패한 정치가나 재벌을 배제하고 천황을 중심으로 한 군사 국가를 건설하려고 했다. 이들을 '황도파(皇道派)'라고 불렀다. 이들은 육군 내부의 질서, 통제를 중시하는 통제파와 대립하고 있었다.

그 결과 1935년 8월에는 황도파의 아이자와 사부로(相沢三郎) 중좌가 나가다 데쓰잔 군무국장을 살해하는 사건이 발생했고, 이듬해 2월 26일에는 황도파의 청년장교가 인솔한 병력이 와타나베 조타로(渡邊錠太郎) 교육총감, 다카하시 고레키요(高橋是淸) 장상, 사이토 마코토(齋藤實) 내대신을 살해한 2·26 쿠데타 사건이 발생했다. 측근이 살해당한 것에 분노한 쇼와 천황의 의지에 의해 무장 세력은 진압되었다.

2·26 쿠데타 사건 이후 성립한 히로타 고키(廣田弘毅) 내각 아래서 고도국방국가 건설이 본격화되었다. 군은 육·해군의 동의 없이는 내각을 구성할 수 없는 군부대신 현역 무관제를 부활시켜 그들의 발언력을 강화했다. 또한 1936년 8월에는 소련에 대한 협위와 남방진출을 국책으로 결정하고, 소련군의 침략에 대비한다는 명목과 남방진출을 목적으로 서태평양지역의 제해권 확보를 위해, 육·해군의 군비확충을 위한 대규모의 군사예산을 확보하여, 고도국방국가 건설에 착수했다.

또한 대외적으로는 방공(소련의 협위)을 기조로, 1936년에는 독일과 방공협정을, 1937년에는 이탈리아가 참가하여 일독이방공협정(日獨伊防共協定)을 체결했다. 일·독·이 삼국의 결속에 의해 베르사유 체제의 타파와 새로운 국제 질서 구축을 지향하는 국제적인 파시즘 진영이 성립했다.

중일전쟁의 개시와 더불어 고노에 내각 아래서는 보다 구체적인 정책들이 추진되었다. 10월에는 국민을 전쟁에 동원하고 협력시키기 위해 '국민정신총동원중앙연맹'을 결성하여, 전쟁에 대한 비판을 누르고 전쟁으로 인한 희생을 정당화하며, 생활규제를 통한 절약과 저축을 장려하는 '국민정신총동원운동'을 전개했다.

그리고 정부 주도에 의한 자원 동원을 효율적으로 추진하기 위해, 혁신 관료와 육·해군 관료가 참가한 기획원을 설치하고 1938년 10월 국가총동원법을 제정했다. 국가총동원법의 성립에 의해 정부는 제국의회의 승인 없이 인적, 물적 자원을 통제 운용할 수 있게 되었다. 이를 통해 노동력, 물자, 자금, 설비, 언론 등의 모든 분야가 전쟁에 동원되어갔다.

미일 개전에 이르는 과정

제1차 세계대전이 종식되면서 영국은 세계 최강의 제국으로서 지위를 상실하고 그 자리를 미국이 대신하게 되었으며, 동아시아와 서태평양지역에서는 일본의 세력이 강화되고 있었다. 이러한 제국 간의 힘겨루기로 제1차 세계대전 후에도 여전히 열강 사이의 이해대립은 격화되고 건함(建艦)

경쟁이 반복되고 있었다.

1921년 미국은 이러한 동아시아·태평양지역에서 일어나는 국제질서의 안정과 건함 경쟁을 자제시켜 과도한 재정 부담을 경감시키고자 국제회의를 워싱턴에서 하자고 제안했다. 일본도 전후공황의 여파로 해군확충이 재정을 압박하고 있었고 미국과의 협조 체제를 견지하기 위해 참가했다.

1921년에서 1922년에 걸쳐 개최된 워싱턴 회의에서는 태평양지역의 영토보전을 정한 4개국조약, 중국의 주권존중과 영토보전을 정한 9개국조약, 주력함의 보유비율을 제한한 워싱턴해군군축조약이 체결되고 중일 간에는 산둥성의 구독일 권익을 반환하는 협정이 체결되었다. 워싱턴회의에서 체결된 여러 조약에 의해 성립된 동아시아·태평양지역의 새로운 국제질서를 '워싱턴 체제'라고 한다.

일본은 워싱턴회의에서 만주와 서태평양 등의 지역에 있어서의 권익을 보장받으며 미국과의 협조 관계를 구축했다. 그러나 10여 년 후, 만주사변으로 건국한 괴뢰 만주국을 국제사회가 용인을 거부하자, 1933년 3월에는 베르사유 체제의 상징인 국제연맹에서 탈퇴하고, 1934년 12월에는 워싱턴해군군축조약 파기를 통고하여 2년 뒤에 1936년 12월 조약이 실효(失效)되었다. 이어서 1937년 일본은 중국과의 전쟁을 개시했다.

미국은 애초 일본과의 관계 악화를 고려하여 중일전쟁에 대한 개입을 자제했다. 그러나 전쟁이 중국 전토로 확대되고 1938년 11월 고노에 내각이 발표한 '동아신질서성명'에서 동아시아로부터 구미세력을 "구축(驅逐)"한다는 선언을 한 점이 미국의 입장에서는 워싱턴 체제를 완전히 부정하겠다는 의지로 받아들여졌다. 또한 1939년 톈진에 위치한 영국과 프랑스 공동관리 하의 조계지가 일본군에 의해 봉쇄당하자, 미국은 미일통상항해조약의 폐기를 통고했다. 미국으로부터 석유, 철 등의 군수물자의 대부분을 의존하고 있던 일본으로서는 치명적인 타격이 되었다.

1939년 8월 독일은 소련과 독소불가침조약을 맺고 9월 폴란드를 침공, 이에 영국·프랑스가 독일에 선전포고하면서 제2차 세계대전이 시작되었다. 대전이 발발하자 아베 노부유키(阿部信行) 내각은 대전 불개입을 선언하고 방관했다. 그러나 연이은 독일의 승리는 일본으로 하여금 대내적으로는 독일과 같은 일국일당의 강력한 정치 체제를 수립해야 한다는 논리로 국내 체제의 개조문제(신체제)가 대두되고, 대외적으로는 독일과의 관계를 강화하고(삼국동맹) 이를 통해 미국을 견제하면서 남방으로 진출하여 자원을 획득해야 한다는 남진론이 대두되었다.

이러한 국제환경의 급격한 변화 속에서 고노에에 대한 기대감이 증폭되면서 1940년 7월 고노에가 제2차 내각을 조각하기에 이르렀다. 제2차 고노에 내각이 성립하자 합법정당들은 자주적으로 해산하여 고노에 신당에 의한 신체제 참가를 열망했다. 여러 정치 세력들의 기대로 추진된 신체제운동은 상호 간의 대립을 극복하지 못하고 신당 운동으로서는 좌절했다.

그러나 고노에 수상을 총재로 하여, 모든 정치 세력을 망라하는 대정익찬회(大政翼贊会)가 10월 결성되었다. 대정익찬회는 수차례의 개조를 거치면서 지역조직과 관제 국민운동 단체를 하부조직으로 두어 일본 파시즘 체제의 국민동원 조직으로 기능했다.

대외적 정책 면에서는 고노에 제2차 내각은 남진정책을 추진했다. 1940년 9월 미국과 영국 등의 대중국 원조루트를 단절시키고 동남아시아를 일본의 세력권에 두기 위해, 독일에 항복한 프랑스에 압력을 가해 프랑스령 인도차이나 북부에 일본군을 출병시켜 군사점령을 했다. 프랑스령 인도차이나 북부에 일본군 주둔에 있어, 미국을 견제하기 위해 독일과 이탈리아와 삼국동맹을 체결하고 연대를 강화했다. 삼국동맹은 미국을 가상 적국으로 한 공수동맹으로 직접적으로는 미국의 제2차 세계대전에의 참전 저지를 노린 것이었다.

이듬해 4월에는 남진정책을 추진하는 데 있어 위험요소인 소련의 군사적 위협을 약화하기 위해 일소중립조약을 맺었다. 일소중립조약은 독일, 일본 양국의 공격을 피하기 위한 소련의 의도와 남진론에 전념하기 위한 일본의 목적이 상호 작용하여 성립할 수 있었다. 여기에 더해 마쓰오카 외상은 소련을 삼국동맹에 참가시켜 4국동맹을 맺어 미국을 압박하려는 계획을 품고 있었다.

이러한 일본의 대외정책에 큰 충격파를 던진 것은 1942년 6월의 독일에 의한 소련 침공이었다. 일본은 혼란에 빠졌으나 곧 독일의 소련 침공을 유리하게 활용하여 소련도 침공하자는 남북 병진론을 결정했다. 1941년 7월 2일 어전회의를 개최하여, 정세가 유리할 경우 소련 침공, 남방진출을 위해서는 미국·영국과 전쟁도 불사한다는 남북 병진론의 「정세의 추이에 따른 제국국책요강」을 결정했다. 그러나 북진, 즉 독소전 상황이 개선되지 않아 소련에 대한 무력행사는 중지되었다.

한편 1940년 1월 미국의 조약 파기로 미일통상항해조약이 실효되고, 미국과 대립관계가 고조되면서 이를 타개하기 위한 미일교섭이 1941년 4월 개시되었다. 그러나 미국에 대한 강경한 자세로 일관하는 마쓰오카 외상의 대미 태도로 인해 교섭이 진척을 보지 못하자, 고노에는 총사직을 단행했다. 결국 고노에는 마쓰오카를 배제하고 제3차 내각을 조각하여 미일교섭에 임했다.

그러나 사태는 고노에가 생각하지도 못한 방향으로 전개되었다. 제3차 내각 성립 후 얼마 지나지 않은 7월 말 일본군은 프랑스령 인도차이나 남부로 출병하여 주둔했다. 이에 미국은 일본에 대한 경제제재를 강화하여, 일본에 대한 석유수출을 전면 금지하고 재미 일본자산을 동결했다. 미국의 조치에 영국과 네덜란드령 동인도도 참가하여 일본에 대한 경제제재를 강화했다.

1941년 9월 6일 개최된 어전회의에서는 10월 상순을 미일 외교교섭의 기한으로 하여, 교섭의 진전이 없으면 10월 상순에 개전을 결의하고, 10월 하순에는 미국·영국·네덜란드와의 전쟁 준비를 완료하여, 11월 상순에 개전한다는「제국국책수행요령」을 결정했다. 미일 개전의 구체적 일정이 결정된 것이다.

10월 상순 미국의 헐 국무장관은 일본군의 중국으로부터의 철병을 요구하며 여전히 미일교섭은 해결의 실마리를 찾지 못하고 있었다. 앞서 9월 6일 결정한 국책 결정의 기한이 다가오자 교섭의 계속을 주장하는 고노에와 중국에서의 철병 절대 반대를 주장하는 도조 히데키 육상과의 대립 끝에 고노에는 총사직했다.

고노에의 뒤를 이어 주전론자인 도조 히데키가 내각을 조직했다. 미일교섭을 통해 평화적 해결을 모색하고 있었지만, 현실적으로 교섭타결의 가능성은 거의 불가능에 가까웠다. 1941년 11월 5일 개최된 어전회의에서는 무력발동을 12월 초순으로 하여 전쟁 준비를 완료하고, 12월 1일 0시를 외교교섭의 기한으로 삼는 개전 일정이 결정되었다. 더 이상 되돌릴 수 없는 선택을 일본은 한 것이다. 외교교섭은 단지 전쟁 준비를 위한 시간 벌기에 불과할 뿐 일본은 교섭에 대한 기대를 걸지 않았다.

일본시간으로 1941년 12월 8일 오전 2시 15분 육군은 영국령의 말레이반도를 기습 공격, 오전 3시 19분 해군은 미국의 해군기지 하와이의 진주만을 기습 공격하여, 동남아시아·태평양 제 지역에 대한 군사행동에 돌입하고, 대미전쟁(태평양전쟁)이 개시되었다.

패전 직후의 일본

1945년 8월 14일 어전회의에서 연합국의 대일항복권고인 포츠담선언 수락을 결정, 다음날 15일에 천황은 라디오방송을 통해 전 국민에게 전쟁의 종결을 고했다. 그리고 9월 2일 항복문서에 조인, 연합군에 의한 일본점령이 시작되었다.

일본은 미군을 중심으로 한 연합군의 점령 아래서 맥아더를 최고사령관으로 하는 GHQ가 간접 통치했다. 연합군에 의한 직접 군정이 아닌 GHQ의 지령, 권고에 근거하여 일본 정부가 정책을 입안 실행해가는 형식의 통치방식이 채용되었다. 연합군은 일본이 세계평화에 대한 위협이 되지 않도록, 비군사화와 민주화를 점령정책의 기본목표로 삼았다. 이를 위해 먼저 육·해군을 해체하고 정치적 자유의 부활 강화를 촉진했다.

한편 패전 직후 군부 내의 주전론자의 불만과 패전에 따른 국민의 동요를 통제하기 위한 의도로 황족 히가시구니노미야 나루히코(東久邇宮稔彦)가 내각을 조각했는데, 히가시구니노미야 내각은 천황제 보호를 내각의 최우선 목적으로 삼아, 치안유지법에 근거한 탄압 체제를 유지했다. 이에 10월 GHQ가 정치범의 석방, 천황에 대한 재판의 자유 등 정치적 자유의 확대를 요구하는 인권지령을 내리자, 이에 불응하며 총사직했다.

일본은 스스로의 의지에 의해 전쟁을 종결시키지 못하고, 원자폭탄의 투하, 소련의 참전 같은 외부적 충격에 의해 타의적으로 전쟁을 종식했다. 그 결과 패전 후 일본의 자발적인 개혁의 기회를 상실하게 되었다. 일본 지배층의 최대 관심은 천황제 보호 및 유지에 집중되어 있었다. 이러한 지도

층의 천황제에 대한 집착은 전후 개혁을 왜곡시키는 방향으로 나아가게 했다. 또한 미국 주도에 의한 일본점령은 미국의 국익에 부합되는 형태로 전개되어, 상황에 따라 점령통치가 유동화되는 한계성을 내포하고 있었다.

헌법 개정문제

전후 일본 지배층은 전쟁의 원인이 제국헌법 체제의 규범에 있는 것이 아니라, 독주한 군부에 있다고 판단하여 헌법 개정에 대해 소극적으로 대처했다.

10월 4일 고노에는 히가시구니노미야 내각의 부총리 자격으로 맥아더를 만났다. 이 자리에서 맥아더는 고노에에게 헌법 개정을 부탁했다. 맥아더는 고노에에게 "자유주의자를 규합하여 헌법 개정에 관한 제안을 공표하면 의회도 따라올 것"이라며 고노에에게 기대를 걸었다. 10월 8일 고노에는 애치슨 정치고문을 만나 점령 당국의 헌법 개정에 대한 미국의 의향을 들었다.

한편 히가시구니노미야 내각의 후계로 전전(戰前) 협조외교를 전개한 시데하라 기주로(幣原喜重郎)가 수상으로 취임했다. 이에 10월 11일 맥아더 사령관은 시데하라 수상에 대해 5대 개혁(비밀경찰의 폐지, 부인의 해방, 노동조합의 결성 장려, 경제기구의 민주화, 교육의 자유화)을 지시함과 동시에 헌법 개정을 지시했다. 이에 시데하라 내각은 마쓰모토 조지(松本烝治)를 위원장으로 하는 헌법문제조사위원회를 설치하여 헌법 개정에 임하도록 했다.

고노에는 시데하라 수상의 동의를 얻어 내대신부 소속으로 헌법 조사를 진행했다. 그러나 전범이어야 할 인물이 헌법을 조사하고 있는 것에 대한 비판이 대두되고 그 화살이 맥아더에게까지 향하자, GHQ는 고노에와의 관계를 단절하고 헌법 개정 프로세스에서 그를 배제하게 되었다.

1946년 2월, 천황의 통치권을 인정하는 내용을 골자로 하는 마쓰모토 위원회가 작성한 헌법 개정안이 제출되지만, GHQ는 이를 거부하고 국민주권과 상징천황제, 전쟁포기를 기조로 하는 GHQ안을 제시했다. 이에 시데하라 내각에서는 이를 토대로 헌법 개정안을 기초하여 요시다 시게루(吉田茂) 내각 아래서 제국의회의 심의를 거쳐 1947년 5월 3일 시행되게 되었다. 이것이 현재의 일본국헌법이다.

전범처리문제

일본의 항복에 즈음해서 연합군은 전범처리에 관한 방침을 논의했다. 이에 전범을 각각 침략전쟁을 계획·준비·개시를 수행한 국가 지도자의 범죄 행위를 한 A급 전범, 종래의 국제법에 규정된 통상의 전쟁범죄를 저지른 B급 전범, 인도에 관한 죄·대량학살 등의 광범위하고 조직적으로 행해진 잔학 행위를 행한 C급 전범으로 구분하여, A급은 도쿄에서, B·C급은 점령 현지에서 재판을 개시했다.

이에 점령 당국은 A급 전범 용의자로 1945년 9월 11일 도조 히데키(東條英機) 전 수상을 비롯하여 39명을 체포했다. 조사를 진행하는 과정에서 용의자가 확대되어, 12월 2일에는 황족인 육군원수 나시모토노미야 모리마사(梨本宮守正)를 포함한 59명에 대한 체포 명령을 내리고, 12월 6일에는 고노에 후미마로(近衛文麿) 전 수상, 내대신 기도 고이치(木戶幸一)에 대한 GHQ 출두 명령이 내려졌다. 이 과정에서 고노에는 출두 당일 음독자살로 전범 출두를 스스로의 의지로 거부했다.

도쿄재판 즉 극동국제군사재판은 1946년 5월, 전범 28명에 대한 공판이 개시되어 소추 면제된 오카와 슈메이(大川周明)와 판결 전에 병사한 나가노 오사미(永野修身)와 마쓰오카 요스케(松岡洋右), 3명을 제외한 25명에 대해 1948년 11월 12일, 교수형(7명)을 비롯한 최종 판결이 내려졌다.

미국의 주도 하에 이루어진 도쿄재판은 쇼와 천황을 점령통치에 활용하려는 맥아더의 의도에 따라 천황은 기소조차 되지 않고 전쟁에 대한 법적 책임을 면제받았으며 그 대신 도조 히데키를 비롯한 육·해군 군인들에게 그 책임이 모두 전가되었다.

다시 말하자면, 미국 국익에 부합하는 형태로 재판이 이루어져 결과적으로 일본인에 의한 식민지 및 전쟁 책임에 대해 면죄부를 줘 이는 전후 아시아국가와의 역사 갈등의 실마리가 되었다. 더불어 군부만을 단죄하고 다른 전쟁추진 세력 즉 천황을 비롯하여 궁중 그룹, 정당정치가, 재벌 등에 대해 면죄부를 줌으로써 굴절된 전쟁 책임 의식을 일본국민에게 심어주게 된 것이다.

제3장 고노에의 시대 인식

　총명하면서도 한편으로는 소심한 성격이었던 고노에는 일본의 격동기를 살아가면서 당시의 시대 상황을 어떻게 받아들였고, 또한 자신이 수상이 되었을 때는 어떠한 생각으로 일본을 이끌어가려고 했을까. 그가 발표한 논문, 공개한 수기 등을 중심으로 그의 사고 체계에 접근해보자. 다만 미리 한 가지 언급해 두자면 전전과 전후 즉 1945년 8월 15일 이전과 이후의 고노에의 글에 온도 차이가 있다는 것이다. 전전에 작성된 글들은 당당하게 대외 팽창을 주장하고 있지만, 전후에 발표한 글은 전범 문제를 의식해서인지, 자기 변명적인 표현이 농후하다는 것을 염두에 두고 살펴보기로 하자.

미영본위의 평화주의를 배격한다

1916년 만 25세가 된 고노에는 공작의 신분으로 세습인 귀족원(貴族院) 의원이 되었다. 의원 활동을 개시하고 나서, 1918년에 「미영본위의 평화주의를 배격한다」라는 글을 「일본 및 일본인」 잡지에 기고했다. 이 글은 고노에의 세계인식을 엿볼 수 있는 가장 대표적인 것으로 글의 내용을 소개하면 다음과 같다.

당시 세계는 제1차 세계대전 후 국제연맹을 중심으로 한 전후질서의 재편이 이루어지고 있던 시기였다. 고노에는 이러한 미영이 주장하는 평화라는 것은 그들에게 있어 현상유지를 위한 수식어에 불과하다고 주장했다. 즉 제1차 세계대전은 "이미 완성된 강국과 미완의 강국과의 다툼"으로, 현상을 유지하려는 국가와 이를 타파하려는 국가와의 다툼이라고 지적한다.

왜냐하면 미영은 일찍이 '세계의 열등한 문명지방'을 식민지로 편입하여 그 이익을 독점하고 있기에, 독일과 같은 후발 국가는 획득할 토지, 팽창할 여지가 없다. 이런 상황은 '인류기회균등'의 원칙에 반하는 것이기에 독일의 행동은 정당하며 동정을 금할 수 없다고 주장하고 있다.

결국 이 글에서 독일이나 일본과 같은 후발 제국주의국가들을 억제하고 기득권을 유지하려는 미영국가에 대한 강한 불만을 젊은 고노에는 숨김없이 표출하고 있다.

그는 영국 등이 자급자족을 주장하며 타국에 대해 식민지 문호를 폐쇄하는 등의 정책을 추진한다면, 일본과 같은 토지가 좁고 자원이 빈약하며 시장이 협소한 국가는 자기 생존을 위해 독일과 같은 현상 타파의 거사에 나설 수밖에 없다는 주장까지도 서슴지 않는다. 또한 이러한 미영의 경제적 제국주의에 대한 배척과 더불어 고노에가 주장하는 것은 황색인종에 대한 차별, 즉 인종차별 철폐를 강화회의에서 요구해야 한다는 것이다.

이상에서 보듯이 고노에는 당시의 세계를, 가진 나라와 가지지 못한 나라로 이분법적으로 구분하고, 가지지 못한 나라의 가진 나라에 대한 도전을 정당화하는 논리를 갖고 있었다. 다만 여기에서 하나의 문제는, 식민지였던 조선이나 중국 같은, 일본에 의해 유린당하고 있었던 약소국에 대한 시야는 결여되어 있었다는 점이다. 이 글에서 밝힌 고노에의 생각은 이후 그의 정치활동의 사상적인 기본 원리로 기능했다.

강화회의 소감

대학을 졸업하고 나서 고노에는 1919년 파리강화회의의 사이온지 긴모치 전권단의 수행원으로 파리에 가게 되었다. 제1차 세계대전 강화회의와 국제연맹 결성 등을 지켜본 고노에는 「강화회의소감」을 통해 당시의 소회를 남기고 있다. 이 내용을 조금 살펴보면, 한마디로 말하자면 '대국의 횡포'로 요약하고 있다. 즉 인종평등 제안은 세계평화를 유지한다고 하는 국제연맹의 정신에 부합되는 것이지만 힘없는 일본이 주장했기에 묵살되었고, 반면 힘 있는 미국이 주장한 먼로주의는 국제연맹 규약에 포함되게 되었다며 미영에 대한 비판적 시각을 견지했다. 결국 고노에는 자신이 앞서 발표한 글의 논지를 강화회의 석상에서 직접 확인하는 모양새가 된 것이다.

불쾌한 일본을 떠남에 있어

강화회의를 마치고 귀국하는 일행에서 떨어져, 고노에는 프랑스, 독일, 영국, 미국을 여행하고 돌아왔다. 경직되고 의례로 점철된 화족생활을 보내던 고노에에게 있어 서구사회와의 접촉은 큰 충격이었다.

귀국 후 그의 문화적 충격에서 표출된 언동에서, 고노에가 일본이 싫어져서 가족을 데리고 미국에 이민을 간다는 소문이 나돌기 시작하고, 고노에는 1920년 3월 「부인공론」에 「불쾌한 일본을 떠남에 있어」라는 글을 게재하여 이에 대해 변명을 해야 했다. 이 글에서 그는 자신이 가족을 데리고 외국으로 이민 간다는 이야기는 신문의 오보이며, 잠시 외국에서 1년이나 2년 정도 체재할 생각은 있다고 언급하며, 아무리 일본이 살기 힘들다고 해도 일본인인 이상 영구적으로 일본을 떠날 수는 없다고 단언한다.

그러나 역시 일본은 살기 힘든 나라라며, 모든 사물이 인습과 불완전함과 부자연스러움에 속박되어 있다고 비판하며 이의 개선이 필요하다고 주장했다. 결국 고노에의 외유는 실현되지 못했지만, 29세의 젊은 고노에의 글에서는 당당함을 넘어 당돌함을 느끼게 하는 솔직함이 있었다.

세계의 현상을 개조하라

격동의 쇼와시대에 들어와 고노에는 어느덧 귀족원 부의장으로, 그의 정치적 신망은 더욱더 두터워지고 있었다. 그런 상황에서 고노에는 기존의 시스템을 타파하려는 여러 정치 세력과의 교류와 접촉을 넓혀가고 있었다. 이 당시의 그의 생각을 읽을 수 있는 글을 하나 살펴보자. 1933년에 발표한 「세계의 현상을 개조하라」라는 글이다.

1931년 일본은 만주사변을 일으켜 중국 영토를 강제로 침략하고 그것도 모자라 거기에다가 자신의 괴뢰국인 만주국을 세웠다. 이에 중국은 국제연맹에 대해 이의 부당함을 호소하고 이를 조사하기 위해 리튼 조사단을 파견하기도 했다. 이러한 당시 상황에 대해 고노에는 세계가 평화라는 명목으로 일본을 피고의 신분으로 심판하려 들고 있다고 비판하고 일련의 일본의 행동은 국가 생존을 위해 필요한 행동임을 강조했다.

즉 전쟁이란 국제 간에 불합리한 상황 때문에 발생하는 것으로 전제한 뒤, 한쪽에서는 발전력이 넘쳐흐르는 민족이 좁은 국토에서 궁핍한 생활을 강요당하는 반면 다른 한편에서는 광대한 국토와 희박한 인구, 혜택받은 자원을 가진 국가가 있다고 한다면 이는 분명 합리적이라고 할 수 없다. 실은 지난 전쟁도 정의와 폭력의 다툼이 아닌, 현상 유지를 노린 선진국과 현상 타파를 노린 후진국과의 다툼이었다.

결국 이러한 불합리한 세계의 상황을 영구화하고 전쟁을 금지한다면 이것이 불합리한 것이며 정의에 반하는 것이다.

실은 세계의 평화를 가장 방해하고 있는 것은 오히려 그들 서구인이다. 그들에게 일본을 심판할 자격은 없는 것이라고 주장했다.

고노에는 군부에 의한 불법적인 만주침략을 적극적으로 긍정하고 동조하며, 오히려 이러한 일본의 행위를 비판하고 있는 서구를 적극적으로 비난하고 있다. 여기에서도 역시 고노에에게는 자신들이 중국 만주 지역을 침략한 약탈자라는 인식이 없다. 자신들의 세력을 확장한 곳이 원래 주권을 가진 중국인들이 삶을 영위하고 있는 곳임에도 불구하고 고노에에겐 단지 맹수의 먹잇감으로밖에 인식되지 않았던 것이다. 반면 침략을 정당화하는 이러한 고노에의 생각과 주장은 만주 침략을 주도한 군부와 우익 세력의 지지를 얻게 되는 계기가 되었다.

1934년 고노에의 시대 인식

일본의 괴뢰국인 만주국을 승인한 일본은 1933년에는 국제연맹을 탈퇴했다. 이러한 상황에서 고노에는 1934년 장남의 고교 졸업식 참가를 명분으로 미국을 방문했다. 가족 행사라는 표면적인 이유를 떠나 실질적인 목적은 경색되어가는 미국의 일본에 대한 비판적 시각에 대해 미국 측에 일본의 입장을 설명하고 이해를 구하는 것이었지만 미국의 반일감정을 통감하고 귀국할 수밖에 없었다.

한편 군부의 대두라는 상황에서도 원로 사이온지는 일본의 의회정치를 견지하고자 노력하고 있었는데, 이에 대해서 고노에는 비판적인 견해를 갖고 당시 상황을 주시하고 있었다. 이는 고노에를 방문한 이시카와현 경찰부장이었던 도미타 겐치(富田健治)와의 대화에서 엿볼 수 있다.

도미타는 고노에에게 기성정당의 부패, 시대인식의 부족, 기성정당에 대한 일반국민의 불신, 청년장교의 불만 등에 대해 이야기하자 고노에는 이에 대해 "지금의 일본을 구하기에는 의회주의로는 무리라고 생각합니다. 그렇다면 이 의회주의를 부숴버려야 하는데, 이 의회정치의 본존은 원로 사이온지 공입니다. 이게 아성이지요(岡義武, 『近衛文麿-「運命」の政治家』, 岩波新書, 1988)"라고 화답했던 것이다.

큰 틀에서 보자면 고노에 또한 궁중 그룹에 속하는 정치세력이었다. 당시의 궁중 그룹은 미영과의 우호적 국제관계를 유지하면서 그 틀 안에서 일본의 국익을 추구하려는 입장을 취해왔으며, 국내적으로 의회정치를 근본으로 삼고 있었다. 그러나 젊은 고노에는 확실히 원로 사이온지로 대표되는 기존의 궁중 그룹과는 확연히 차별되는 국제인식과 정

치성향을 갖고 있었으며, 이는 정치주류의 1930년대 이후의
상황 인식을 반영한 것이기도 했다.

국제평화의 근본문제

일본은 워싱턴 해군군축조약, 런던 해군군축조약의 기간
만료와 더불어 이를 파기한다고 통고하고 1935년 12월 런던
에서 개최된 본회의에서 탈퇴를 선언했다. 런던회의가 열리
기 한 달 전인 11월 고노에는 일본청년관에서 '국제평화의
근본문제'라는 주제로 강연을 했다. 고노에는 이 강연에서
다음과 같이 주장했다.

원래 전쟁을 일으키는 첫 번째 원인은 영토가 지극히 불공
평하게 분배되어 있다는 점과 자원이 국제적으로 편재되어 있
다는 점에 있다. 따라서 세계 영원의 평화를 확립하기 위해서
는 국제 간에 생기는 불합리한 상태를 조정해야만 한다. 그러
나 지금까지는 위의 상황을 그대로 둔 채 전쟁의 근절 방법만
고려해왔다. 제1차 세계대전 당시 미영의 정치가는 이 전쟁을
평화주의와 침략주의의 다툼이라고 했다.

그러나 실제는 현상 유지를 희망하는 선진국과 현상 타파를

희망하는 후진국과의 전쟁이었다. 승리를 한 연합국은 현상 유지를 위한 평화기구인 국제연맹을 만들었다. 제1차 세계대전 후 일본은 현상 유지를 기초로 하는 평화원칙을 세계의 여론, 세계의 대세로 받아들였다. 그러나 이것은 영국, 미국 등이 자신의 욕망을 위해 만들어낸 허상의 여론이다. 독일과 이탈리아의 정치가들은 자국의 팽창, 새로운 영토 획득의 필요성을 공공연하게 주장하고 있지만, 일본은 그러한 솔직함이 없다. 하지만 이제 현상 유지의 평화기구에 의한 세계의 평화는 유지될 수 없게 되었다.

(『近衛公淸談錄』, 千倉書房, 1937)

미영 주도로 유지되어온 전후 질서 즉 베르사유 체제, 워싱턴 체제의 산물인 부전조약, 9개국조약, 해군군축조약의 일본 참가에 대한 강한 의문을 던지며, 이를 통해 미영 본위의 국제 체제를 타파하려는 군부세력에 동조를 표명했던 것이다.

고노에의 인품

고노에가 정치가로서 공인의 세계에 발을 들여놓고 나서

그의 존재감이 부각되면서 그를 찾는 사람들이 늘어났다. 고노에는 특별하게 사람을 가리지 않고 만나주었고 자신의 주장을 피력하지 않고 상대방의 이야기를 끝까지 경청했다. 이러한 고노에의 태도는 사람들의 환심을 사게 되고 더욱 다양한 계층의 사람들이 고노에를 방문하여 여러 의견을 전했다.

다만 그는 이들의 이야기에 귀를 기울일 뿐, 이들 중 그 누구도 신뢰하지 않았다. 결국 고노에 주변에는 각계각층의 다양한 인물들이 모여 있었지만 고노에는 항상 고독했던 것이다. 이렇게 고노에가 사람을 신뢰하지 않는 것에 대해 고노에의 학습원 시대부터의 친구인 아리마 요리야스(有馬賴寧)는 이렇게 지적했다. "고노에는 고대 귀족인 구게(公家) 출신이고, 나는 무사인 다이묘(大名) 출신인데, 다이묘는 가신을 신뢰하는 가풍이 있지만 구게는 그러한 가풍이 없다"라고 했다. 타인을 신뢰하지 않는 고노에를 그의 출신 가풍에서 설명한 것이다.

아리마의 분석의 진위를 떠나 고노에가 타인에게 이용당하는 것을 싫어하고 신뢰하지 않는 것은 결국 자신은 남과 다르다는, 태생적으로 명문 가문의 출신이라는 우월 의식에서 배태된 행위였다고 할 수 있다.

또한 고노에는 총명하고 성격이 좋았지만 결단력이 부족

했다. 그래서인지 고노에는 강한 것에 대한 동경심을 갖고 있었다. 하나의 에피소드를 소개하면, 1937년 4월 차녀의 결혼을 앞두고 자택에서 가장 파티를 개최했는데, 이때 고노에는 히틀러 가장을 하고 나와 주위 사람들을 놀라게 했다는 유명한 일화가 있다(伊藤隆, 『近衛新体制』, 中公新書, 1984).

중일전쟁에 대한 고노에의 인식

요나이 미쓰마사(米内光政) 내각 아래서 작성된 것으로 알려진 고노에의 수기(岡義武, 『近衛文麿-「運命」の政治家』, 岩波新書, 1988)를 통해 전쟁에 관한 그의 생각을 살펴보기로 하자.

그는 소장군인들이 만주사변 이후 추진한 방향은 일본으로서는 나아가야 할 "필연의 운명"이었다고 적고 있다. 왜냐하면 일본 주변에는 서양 제국에 의한 경제봉쇄의 태세가 이미 움직이고 있었기에 이대로 간다면 일본은 해외시장을 잃어버리고 자원·원료 획득도 불가능한 국가 존망의 문제에 봉착할 위기에 직면해 있었다.

이러한 위기에 대항하면서 일어난 것이 만주사변이다. 만약 사변이 일어나지 않았더라도 언젠가는 일본의 운명을 개척하기 위한 무언가의 기도가 반드시 일어났을 것이다. "만주사변에 이어 중일전쟁이 대동아공영권으로 발전할 수밖에 없었던 것도 같은 운명의 궤도에 있기 때문이다"라고 지적하고 있다. "중일전쟁은 일어나야 할 것이 일어난 것으로, 1937년에 일어나지 않아도 언젠가 한번은 일어나야만 하는 필연적 운명이었다"라고 파악하고 있다. 즉 고노에는 만주사변, 중일전쟁에 이르는 과정에 대해 일본이 대외적으로 팽창하기 위한 필연적 귀결로 이를 용인하는 자세를 취하고 있었으며 군부의 행위에 동조하고 있었던 것이다.

이렇듯 고노에가 제2차 내각을 조각하기 전에 작성한 수기에서도 확인할 수 있듯이, 고노에는 기본적으로 전쟁의 당위성과 군부의 대외 팽창을 지향하는 기본인식과 동일 선상에 있었다. 다만 패전 후에 결과적으로 장기전 국면으로 전개된 전쟁을 돌이켜 고노에가 유감으로 생각한 것은, 결코 전쟁 그 자체는 분명 아니었다. 전후에 작성한 수기(『平和への努力-近衛文麿手記』, 日本電報通信社, 1946)에서 적고 있듯이, 군이 "사전에 확실한 계획을 세워서 만반의 준비를 한 후에 일으켜야" 했다며, 아무런 준비도 계획도 없이 중일전쟁을 일으킨 군부의 실책을 지적할 뿐이었다.

신체제 구상

고노에는 자신의 수기(『失はれし政治-近衛文麿公の手記』, 朝日新聞社, 1946)에서 제1차 내각을 총사직한 후 자신은 "기성 정당과는 다른 국민조직, 전 국민의 사이에 뿌리를 내린 조직과 그것이 가진 정치력을 배경으로 한 정부가 성립되어야 비로소 군부를 억제하고 중일전쟁을 해결하는 것이 가능하다"고 생각하고 있었다. 그리고 당시에는 그것을 조직화하기 위해 연구하는 것이 "큰 희망"이었다고 술회하고 있다. 즉 고노에는 1940년 6월 추밀원 의장을 사임하면서 공개적으로 신체제 수립을 천명했지만, 그 시점에서 구체화된 구상을 하고 있지는 않았다.

7월에 들어와 고노에는 야베 데이지(矢部貞治) 도쿄제대 법학부 교수를 불러, 일본이 향후 구축해야 할 신체제의 구체적인 이론화 작업을 부탁했다. 야베의 회고를 통해 당시 조금씩 구체화 되어 가고 있었던 고노에의 신체제에 대한 구상을 좀 더 살펴보기로 하자. 야베와 만난 자리에서 고노에는 자신은 중일전쟁에 대해 책임을 통감하고 있으며 이 전쟁을 수습하기 위해서는 육군을 억제할 수 있는 "국민에 기반을 둔 국민적 여론을 배경으로 한 압도적인 정치 세력"을 배후에 가져야 한다. 그러한 정치 세력을 결집하는 것이 자신의 염원이다. 다만 정당의 이합집산에 의한 신당을 창립하여 자신이 이를 이끌 생각은 추호도 없다. 또한 일국일당의 수립에 의해 "막부(幕府)적 존재"가 되는 것도 피하고 싶다고 취지를 설명한 후 입안하도록 주문했다.

.고노에가 구상하고 추진하고자 했던 신체제의 모습은, 기본적으로는 국민의 정치력을 결집하여 자신의 정치적 역량을 강화하는 것이었다. 그리고 이를 통해 군부를 통제하며 자신이 의도하는 정책을 추진하고자 했다. 또한 그 형태에서는 기존 정당의 이합집산 같은 단순한 정당적 존재를 부정했으며, 정치력 강화가 결과적으로 천황의 지위와 권력을 훼손하는 형태로 되어서도 안 된다고 생각하고 있었다.

그러나 실현 과정에서 결국 고노에는 이러한 자신의 생각을 구체화하지 못하고, 고노에가 만들어낸 것은 강령도 선언도 없는 오로지 "대정익찬의 신도를 실천"하는 조직으로 규정된 대정익찬회였다.

미일 개전 이후 악화되어만가는 전쟁 상황에서, 내각을 내려놓고 스포트라이트를 받는 정치의 중심 무대에서 한발 물러선 고노에는 종종 지난 시간을 회상하기도 했다. 신체제운동에 대해서도 고노에는 이를 회상하며 "사이온지 공은 훌륭하다고 생각한다. 시종일관한 자유주의자이며 정당론자였다. 나는 대정익찬회 같은, 뭔지도 모르는 것을 만들었지만, 역시 정당이 좋았다. 결점이 있었다고 하지만 이것을 존치해서 시정하는 것이 좋았을 것이다"라고 했다. 고노에는 평소 자신이 행한 정치적 결정에 대해 변명과 후회를 토로하는 무책임한 태도를 보여왔는데, 신체제운동 또한 예외는 아니었던 것이다.

독소 개전의 의미

독일이 소련을 침공한 것과 관련하여, 고노에는 전후 간행한 수기(『平和への努力』)에서 "독일이 소련을 일본의 아군으로 해준다는 것을 전제로 삼국동맹을 맺었다. 그런데 독일은 소련을 침공하는 배신행위를 했다. 이에 나는 군부에게 삼국동맹에 대해 재고해보자고 했지만 불가능했다. 그래서 일본이 당면한 위험, 즉 미일전쟁을 회피하기 위해 다소 삼국동맹에 대해 '냉각적 영향'을 미치더라도 미일교섭을 반드시 타결해야겠다고 결심했다"라고 적고 있다. 즉 자신이 1941년 6월 22일 독소개전을 계기로 미일교섭 타결의 결의를 다졌음을 기록하고 있다.

고노에는 일·독·이 삼국동맹에 소련을 포함한 동맹을 맺어 이를 토대로 미국과의 협상에서 유리하게 이끌어가려는 의도가 있었지만, 독일과 소련의 관계가 동맹이 아닌 적대관계가 됨에 따라 이러한 고노에의 구상은 더 이상 실현할 수 없게 되었고, 이에 미일교섭에 매진했다고 주장했다.

그러나 앞서 언급한 고노에의 주장과는 달리 현실은 달랐다. 독일이 소련을 침공하고 며칠이 지난 1941년 7월 2일, 고노에 내각은 천황이 참석한 어전회의에서 「정세의 추이와 관련한 제국국책요강」을 결정했다. 독소 전쟁에 따른 향후 국책의 방향을 정한 것으로, 요강에서는 미국의 참전을 적극적으로 저지하지만 만일 미국이 참전하는 경우에는 삼국동맹조약에 근거하여 행동한다고 결정했다. 또한 남진을 결정하면서 미국이 이를 방해하면 "대미영 전쟁도 불사한다"고 국책 방침을 정하고 있었다. 즉 고노에 내각에서는 실질적으로 미국과의 전쟁까지도 감안한 대결적 태도를 명확히 한 것이었다.

이러한 국책요강 결정에 관해 고노에는 마찬가지로 전후에 작성한 수기(『平和への努力』)에서 다음과 같이 그 배경을 설명하고 있다.

당시의 정세 아래서는 군부의 요구를 전면적으로 부정한다면 군부와의 전면충돌을 야기할 뿐으로 아무런 도움이 되지 않는다고 판단했다. 또한 미일교섭의 타결 가능성이 농후하여 전쟁의 위험을 해소할 수 있을 것으로 생각하여 군부의 주장을 수용했다.

고노에의 수기 내용은 자신의 행위에 대해 변명으로 일관한 것으로, 자신이 전범으로 추급될 수 있는 상황에서 결과적으로 군에 책임을 전가하고 자신의 행위를 정당화하는 논리로 설득력이 부족하다. 결국 고노에는 미일전쟁을 피하고자 하는 생각이 있었지만, 이는 기본적으로 미영의 주축이 된 국제질서를 용인하고 이를 따르고자 하는 것이 아니라, 당시의 국제환경 속에서 어쩔 수 없는 선택지였던 것이다.

그리고 무엇보다 고노에의 의중은 전쟁 회피와 또 한편에서는 미일전쟁 용인이라는 두 가지의 사고가 서로 교차하며 방향성을 잡지 못하고 있었던 것이다. 이는 고노에의 심중에 있는 반미영적인 사고체계에서 기인하는 바가 컸다고 할 수 있다.

미일 개전에 대한 책임 의식 유무

이미 앞서 서술한 바와 같이 고노에 내각은 1941년 9월 6일 어전회의에서 미일 개전 준비를 10월 하순까지 완료한다는 결정을 내렸었다. 그리고 이를 재고하라는 기도 내대신의 권고에 대해서도 이를 묵살하고 강행했었고, 결국 일본은 미국과의 전쟁에 돌입했었다.

훗날 고노에는 이에 대해 전후 작성한 수기(『平和への努力』)에서 다음과 같이 적고 있다. "요강에는 '가능성이 없는 경우에는, 바로 대미개전을 결의한다'라고 적고 있으므로, 전쟁으로 바로 돌입하는 것이 아니라 교섭의 성립 가능성이 있는 것으로 하여 개전 결의를 하지 않으면 되는 것이었다. 혹여 개전 결의를 했다 하더라도 이는 결의일 뿐이지 직접 전쟁에 돌입한다는 개전이 아니므로 다른 수단, 즉 경제적 단교 상태로 하여 굳이 전쟁을 하지 않아도 되는 것이다"라며 말장난 같은 기만적인 어휘의 나열로 변명을 늘어놓기도 했다. 이는 현실적으로는 실현 불가능한 변명으로 결국 전후 자신의 개전 책임을 회피하고자 하는 의도로 작성되었다고 볼 수 있다.

일본의 패전이 확실시되던 1945년 6월 고노에는 자신의 내각 아래서 내각서기관장을 역임했던 측근 도미타 겐치(富田健治)와 패전 후의 구상을 이야기하면서

나는 일본을 이러한 패전으로 몰아간 야심가들을, 우리들을 국적(國賊) 취급한 사심가들을 종전 후 모두 다 검거해서 복수

하고 싶습니다. 그때 잔인한 것이 가능한 것은 당신보다 납니다. 도미다 군은 불가능하다고 생각합니다. 그런 의미에서 내각 내무장관이 되는 것이 적임이라고 생각합니다.

(富田健治, 『敗戦日本の内側』, 古今書院, 1962)

이렇게 농담조로 이야기했다. 미국과 전쟁을 감행하여 일본의 파멸을 가져온 세력들, 또 그들의 조롱과 멸시를 받아온 고노에로서는 이들에 대한 분노가 존재했을 것이다. 하지만 사실상 직접적인 미일전쟁의 개전에 관한 책임이 고노에에게 없다 하더라도, 전쟁에 이르는 프로세스에서 고노에의 책임이 없다고 단언할 수는 없다. 그러나 고노에 자신은 전쟁에 대한 책임 자체를 인식하지 못했다.

이러한 그의 책임 전가는 다른 대화에서도 확인할 수 있다. 1944년 태평양전쟁의 전황이 날로 악화되어가는 가운데, 4월 11일 황족인 히가시구니노미야 나루히코(東久邇宮稔彦)를 만난 고노에는 도조 히데키에게 계속해서 정권을 담당시키는 것이 좋다는 뜻을 전했다. 이는 도조가 아닌 다른 인물이 수상이 되어 전쟁 상황을 호전시킬 수 있다면 좋겠지만 그렇지 못하다면, 독일의 히틀러와 함께 세계의 증오스러운 인물이 되었으니까 그에게 모든 책임을 지우게 하는 것이 좋다는 의미였다.

즉 도조에게 모든 책임을 지운다면 천황의 책임에 대한 미국의 여론도 어느 정도 약해지지 않을까 하는 논리였다(細川護貞, 『情報天皇に達せず』上巻, 1953). 이 대화가 상당히 중요한 이유는 고노에가 이미 전쟁 중에 전후 처리문제로 전범문제를 고민하고 있었다는 의미이기 때문이다. 자신은 미일전쟁 개전에 반대했으니 자신에게 전쟁 책임이 없다고 생각한 것으로 보이며, 전범 조사에 따라서는 천황, 황실로까지 책임이 추궁될 수 있으니, 이를 미연에 방지하는 의미에서 도조로 대표되는 군부에게 전쟁 책임을 모두 전가하자는 논리로 생각된다. 이를 통해 전쟁 종결 후 천황을 비롯하여 정치 엘리트의 정치적 리스크를 최소화하려는 고려를 고노에는 하고 있었던 것이다.

천황제의 존치(存置)

1944년 7월 고노에는 기도 내대신에게 의견서를 보냈다. 여기에서 사이판섬 전투 이래 해군이나 육군은 사실상 패전할 수밖에 없다는 결론에 도달해 있는 것으로 보이니, 이번 기회에 하루빨리 황족이 내각을 조각하여 바로 천황에 의한 정전 칙허를 내려야 한다는 의견을 개진했다. 고노에는 이를 통해 황실과 국민과의 관계를 양호하게 하고 사상악화 혁명에 의한 "국체(천황제)의 위기"를 다소나마 완화할 수 있다고 지적했다. 즉 하루빨리 정전하자는 것은 바로 천황제를 온존하고 보호하기 위함이라고 역설했다.

이어서 그는 만약 사이판섬에 미군의 공군기지가 완성되면 일본본토는 미군의 공습 범위에 들어가게 되며, 해군이 무력해진 결과 언제 미군에 의한 본토상륙작전이 개시될지도 모르는 상황이다. 만약 이러한 사태에 이르게 되면 가장 걱정이 되는 것이 천황제 문제다. 당국에 의하면 불경사건이 증가하고 있고 좌익세력이 다방면에 걸쳐 잠복해 있어 패전을 기회로 혁명을 선동하려고 하고 있다. 더불어 우익이라고 할지라도 그중에는 좌익에서 전향한 자가 대부분이라서 그들이 패전의 혼란한 상황에서 어떠한 책동을 할지 상상이 가지 않는다. 따라서 패전 필지라는 현 상황에서 전쟁을 지속하는 것은 천황제 유지라는 측면에서 본다면 위험한 행동으로 즉시 정전에 임해야 한다고 주장했다(『近衛日記』, 共同通信社, 1968). 결국 고노에의 정전 촉구는 천황제 유지를 위해서이지 국민의 희생을 감안한 대책은 결코 아니었다.

공산혁명에 대한 기우

1945년 2월 전황은 일본에 더욱 위협적인 상황이 되어가고 있었다. 이에 천황은 중신들에게 의견을 묻고 고노에도 2월 14일 답했다. 고노에는 천황에게 유감스럽게도 패전은 피할 수 없는 것 같다며, 다만 미영의 여론은 아직 천황제 변혁까지는 생각하고 있지 않아 패전으로 인한 천황제의 변화는 없을 듯하다고 지적했다.

천황제 유지의 입장에서 가장 우려스러운 문제는 패전 때문에 공산혁명이 일어나는 것이라고 주장했다. 특히 그중에서 우려스러운 것이 군부 내의 좌익세력으로, 이를 일소하고 군부의 숙정을 행하는 것이 공산혁명으로부터 일본을 구하는 선행조건이므로 이에 대한 천황의 용단이 필요하다고 주장했다.

다른 중신과 달리 고노에는 일본 정부가 주도권을 잡고 하루빨리 전쟁을 종결해야 한다고 말한 셈이다. 한편 아직 전쟁 상황의 반전을 기대하고 있던 쇼와 천황은 고노에의 이러한 주장에 대해 소극적으로 대처했고 결국 무조건 항복으로 전쟁은 종결되었다.

제4장 고노에의 역사 책임

고노에가 작성한 수기를 모아 간행한 『평화에의 노력(平和
への努力)』의 첫 페이지에 편집자 서문이 있다. 여기에는 "공
(고노에)은 중일전쟁 이래, 군부와 정계가 격성(激成)한 일본
의 불행을 냉정하게 관찰하고, 이를 피하기 위해서 끊임없이
노력했다"라고 적고 있다. 과연 여기에서 적고 있는 고노에
가 피하고자 한 전쟁은 무엇이었으며, 고노에가 지키려고 한
일본은 누구의 일본이었는가. 그리고 고노에가 추구하고자
한 평화의 본질은 무엇인지, 여기에서 그 해답을 찾아보자.
우선 고노에와 조선과의 관계에서 시작해보기로 하자.

고노에와 조선

　1929년 하마구치 오사치(浜口雄幸) 내각 성립 당시, 이자와 다키오(伊沢多喜男)를 조선총독으로 임명하려는 움직임이 있었다. 이자와 또한 이런 제안에 승낙했는데, 그는 고노에를 함께 조선에 데려가 정치·행정의 경험을 쌓게 한 후, 우선 자신이 총독을 하고 나서 그 총독 자리를 고노에에게 물려주려고 구상하고 있었다. 그러나 이자와 조선총독은 결국 문관 출신 조선총독 반대라는 군부의 이견으로 실현되지 못하고 고노에의 조선총독 취임 또한 실현되지는 못했다.

　고노에는 조선총독이나 식민지 관료로서 부임하거나 조선의 식민지화에 직접 관여하지는 않았다. 그러하다면 고노에는 조선에 대한 식민지배에 책임이 없는 것일까. 아니 그렇지 않다. 고노에와 조선의 접점은 신체제운동이며, 신체제운동으로 만들어진 것이 일본의 대정익찬회, 그리고 조선에 설치한 국민총력조선연맹(国民総力朝鮮連盟)이었다. 즉 1940년 신체제 수립을 표방하며 고노에가 제2차 내각을 조각하고 그 결실로서 10월 12일 대정익찬회가 결성되었는데, 이에 호응하여 조선에서는 10월 16일 국민정신총동원연맹 조선연맹 등의 각종 조직을 통합하여 국민총력조선연맹을 조직했다. 조선연맹은 미나미 지로(南次郎) 조선총독이 수반을 겸하는 행정과 국민운동 조직이 통합된 관민일체의 조직으로, 중일전쟁에서 태평양전쟁기 동안 조선과 조선인을 전쟁에 동원하는 역할을 수행했던 것이다.

임시군사비의 공죄

고노에 제1차 내각에서 시작된 중일전쟁이 고노에의 동조하에 전선이 확대되고 장기전으로 돌입한 것에 대해 새삼 재론하고자 하는 것은 아니다. 고노에는 중일전쟁의 경우, 자신은 군부에 의해 어쩔 수 없이 끌려간 것이고, 본인이 미국과 전쟁을 벌이지 않기 위해 부단히 노력했다는 점을 부각하고 있다. 그런데 사실 중일전쟁이 발발하지 않았으면 미국과의 전쟁이 일어나지 않았을 수도 있다. 표현을 바꾸자면 중일전쟁이 일어남으로 인해 태평양전쟁은 일어날 수밖에 없었던 것이다.

미국과의 개전 당시 일본의 전쟁수행능력은 상당히 팽창되어 단기적으로 미국과 겨뤄볼 수 있는 국방력에까지 도달해 있었고, 이 점이 군부가 대미전쟁을 결정할 수 있었던 배경이 되었다. 군사력으로 비교가 될 수 없을 정도의 열세라면, 군부는 감히 개전이라는 카드를 꺼낼 수조차 없었을 것이다. 그런데 그게 가능할 정도의 군사력을 일본은 당시 보유하고 있었던 것이다. 그리고 그것을 가능하게 해준 것이 중일전쟁 기간을 통한 군비확충이었다. 즉 중일전쟁을 통한 육·해군의 대대적인 군사력 증강이 결국 미국과 결전해볼 수 있는 조건을 마련해준 것이었다.

그리고 이러한 군비를 확충할 수 있게 해준 것이 중일전쟁 발발 이후 편성된 임시군사비였다. 임시군사비란 전쟁 수행을 위한 전비로 전쟁 개시에서 종결까지를 하나의 회계연도로 하는 특별회계다. 또한 의회는 물론 정부의 통제가 미치지 않는 특수한 군사 예산으로, 예산 편성단계에서는 기밀을 이유로 심사를 충분히 할 수 없고, 예산 세목도 자세하게 공개하지 않는다.

그러다보니 군부가 공식적인 군사비와 별도로 전쟁 기간 동안 막대한 예산을 임시군사비로 사용했다. 1931년 만주사변 당시의 직접 군사비는 4억 6,130만 엔에 불과했으나, 중일전쟁 발발 후 1937년 9월 고노에 내각 아래서 첫 임시군사비가 성립된 후, 태평양전쟁 개전 전까지 총 6차에 걸친 증액에 의해 총액은 256억 1,800만 엔에 달했다(吉田裕, 『アジア太平洋戦争』, 岩波新書, 1992). 그리고 이 방대한 임시군사비를 활용하여 육군은 대소전을 명분으로, 해군은 대미전을 위한 명목으로 군비의 확충을 실현했던 것이다.

고노에가 용인한 임시군사비에 의해 군부는 강력한 군사력을 보유할 수 있게 되었다. 이는 단기적이나마 미국과의 전쟁이 가능할 수 있다는 자신감을 심어주게 되었고, 결과적으로 일본은 전쟁을 선택한 셈이다. 그런 의미에서 중일전쟁 당시 임시군사비를 용인한 고노에의 행위는 미일 개전의 책임에서 결코 자유로울 수 없는 것이다.

미일교섭을 진행한 고노에의 본심

앞서 제3장에서 언급했듯이 기본적으로 고노에는 젊은 시절 이래 미영에 의한 국제질서인 베르사유 체제의 타파를 주장해온 인물이다. 그러한 생각은 미일전쟁을 앞두고도 변화된 것은 아니었다. 예를 들면 고노에 제2차 내각의 수상 비서관을 역임한 호소카와 모리사다(細川護貞)는 "그(고노에)의 생각의 기본에는 미영에 반대하는 감정이 있어, 이것이 삼국동맹을 체결하게 된 근본이라고 생각합니다(『語りつぐ昭和史2』, 朝日新聞社, 1976)"라고 증언하듯이 고노에는 반미적인 인물이었다. 그런데 그가 왜 미국과의 전쟁을 피하기 위해 교섭을 추진하고자 했을까?

고노에는 1944년 6월 8일 경제인과의 간담회 자리에서 미일교섭과 관련하여 다음과 같이 설명하고 있다.

일·독·이 동맹조약은 일·독·소를 연결하여 미영에 대항하고자 하는 취지로 하여 성립되었습니다. ……그런데 그 수개월 후 독소의 관계가 악화하여 종국에는 양국이 교전 상태에 들어가게 되고…… 이렇게 일·독·소 연결의 희망이 물거품이 되는 바람에, 미영과의 타협을 도모하는 쪽으로 방향을 전환하게 된 겁니다.

(深井英五, 『枢密院重要記事覚書』, 岩波書店, 1953)

그가 여기에서 밝히고 있듯이 미일 전쟁 회피를 위한 교섭을 추진하게 된 것은 독·소 개전이라는 국제 환경의 변화에 의해, 소련을 통한 미국 견제가 불가능하게 된 상황에서의 부득이한 선택이었던 것이지, 전쟁이 아닌 평화를 수호하고자 하는 의도는 아니었다. 미국에 대항할 강력한 수단을 상실한 상황에서 고노에가 선택할 수 있는 방법은, 미국과의 대화를 통한 타협 이외에 달리 없었다.

누구를 위한 종전교섭인가

앞서 제1장에서 언급했듯이 1945년 패전이 임박하여 일본 정부는 고노에를 특사로 파견하여, 소련을 중개로 한 전쟁 종결 공작을 도모했다. 소련의 소극적인 태도로 인해 실현되지는 않았지만 당시 고노에가 소련과의 협상에 임하기 위해 작성한 「화평교섭의 요강」이라는 문서에는 여기서 부언해야 할 사항이 있었다. 결과적으로 고노에 특사 파견은 불발로 끝났지만, 이 요강에는 고노에를 비롯한 당시 정치지도자들의 전후 처리와 관련된 인식을 엿볼 수 있다.

요강에는 "해외에 있는 군대는 현지에서 복원하여 일본으로 귀환하도록 노력하지만 어쩔 수 없는 경우에는 일시적으로 완전한 무장해제에 동의한다" "배상으로 일본의 노동력을 제공하는 것에 동의한다(『敗戦前後』, 靑木書店, 1995)"고 명시하고 있다. 이는 경우에 따라서는 일본국민을 연합국에게 배상의 형태로 제공할 수 있다는 인식을 보여준다. 천황제 온존을 위해서라면 국민의 희생은 아무런 문제가 되지 않는 것이다.

다시 한번 이야기하자면 고노에가 생각한 일본은 국민과 함께하는 것이 아니라, 국민의 희생을 담보로 한 천황의 나라인 것이다.

이상으로 미국과의 전쟁을 피하여 평화를 위해 노력했다는 고노에의 실상에 접근해보았다. 분명해진 것은 수기에 적고 있는 변명과 달리, 고노에는 명백한 개전 책임이 있으며, 결코 역사적 책임을 면할 수는 없다는 점이다.

위기에 적극적 대응보단 현실 도피

고노에는 명문가 출신임에도 사람을 가리지 않는 겸손한 태도로 대중적인 인기를 누렸던 정치가였다. 또한 의회정치의 속박에 구애받지 않는 강한 정치지도자로서의 정치력과 미영에 구속받지 않는 자유로운 대외 팽창정책, 즉 당시의 베르사유 체제, 워싱턴 체제 타파를 추구하고자하는 데는 군부 및 우익의 지지를 받은 인물이었다. 그러나 총명하고 상대방의 의견에 귀를 잘 기울이면서도 의지와 결단력이 부족한 성품은, 결과적으로 일본이 직면했던 위기를 현명하게 대응하지 못하고 현실을 도피하는 나약함을 보여주기도 했다.

그런데 사태 수습에 고노에가 적극적이지 못했던 또 하나의 이유는 당시의 시스템에도 있다. 통수권의 독립이라는 제도를 적극적으로 활용한 군부에 의해 수상임에도 불구하고 전쟁 수행의 현황 또는 국력과 전력 등의 문제에 대해 상세한 정보를 얻을 수 없었다. 이로 인해 정확한 판단을 내릴 수 없는 상황이 연출되기도 했다. 자신이 주도적으로 상황을 통제할 수 없다는 점 또한 결과적으로 고노에가 현실을 도피하게 한 하나의 요인이 되었다.

이렇듯 고노에가 세 번에 걸쳐 내각을 조각했으나, 제대로 군부를 통제하지 못했다고 하는 현실을 들어 그가 전쟁을 반대한 평화주의자라고 단정짓는 것은 성급한 것이라 할 수 있다. 왜냐하면 고노에는 결코 아시아지역에 대한 침략전쟁을 반대하지 않았다. 일본의 국익을 위해 영토를 넓히고 자원을 침탈하는 것을 정당한 것으로 생각하고 있었다.

단지 그가 원했던 것은 자신의 계획과 통제하에 정책이 구현되고 그런 다음 군부가 움직이는 것이었다. 하지만 현실은 그의 의중대로 움직이지 않았다. 군부를 자신의 의지대로 움직이지 못한 것은 앞서 언급한 점에서 기인한다. 그러나 그와 군부가 추구했던 종착역은 미영 본위의 국제질서를 파괴하고 천황제국가의 국익을 최우선시한다는 점에서는 동일했다는 사실은 기억해야 한다.

미일 교섭에서도 고노에는 기본적으로 적극적이었다고

할 수 있다. 이를 통해 미국과 전쟁하는 것을 피하려고 했던 것으로 보인다. 다만 여기에서 주의해야 할 것은 고노에가 미일 개전을 피하려고 했다고 해서 이를 바로 평화주의자로 둔갑시켜서는 아니 될 것이다. 왜냐하면 고노에가 미국과의 전쟁을 피하고자 한 것은 당시의 일본의 경제력에 있어 미국과의 전쟁 수행이 현실적으로 불가능하다는 현실적 판단에 따른 것이었다. 지금까지 자신의 반미적인 태도를 일신하여, 미영 주도에 의한 국제질서를 용인하며 평화 공존공영을 추구한 것은 아니기 때문이다. 승리에 대한 불확실성에서 미국과의 전쟁은 피하고자 했지만 같은 시기 남방, 즉 프랑스령 인도차이나로의 일본군 출병에 대해서는 이를 용인하는 자세를 보인 것만 보더라도 알 수 있다. 이러한 이중적인 자세는 결국 당시 일본을 구성하는 가장 중요한 요소인 천황제의 온존과 강화라는 점에 기인하는 것으로, 일본국민의 안위와 행복을 추구한 것은 결코 아니었다.

동일한 맥락에서 그가 주장한 세계 평화, 정의는 일본의 권익을 중심으로 한 것이지, 결코 일본이 지배하고 있었던 식민지 그리고 아시아 약소국가와의 공정하고 평등한 공존을 의미하는 바는 아니었다.

참고문헌

하종문, 『일본사 여행』, 역사비평사, 2014.

한중일 3국공동역사편찬위원회, 『한중일이 함께 쓴 동아시아 근현대사1』, 휴 머니스트, 2014.

岡義武, 『近衛文麿-「運命」の政治家』, 岩波新書, 1988.

共同通信社「近衛日記」編集委員会編, 『近衛日記』, 共同通信社, 1968.

近衛文麿, 『失はれし政治-近衛文麿公の手記』, 朝日新聞社, 1946.

近衛文麿, 『平和への努力-近衛文麿手記』, 日本電報通信社, 1946.

吉田裕, 『アジア太平洋戦争』, 岩波新書, 1992.

内政史研究会編, 『後藤隆之助氏談話速記録』, 内政史研究会, 1968.

木戸日記研究会編, 『木戸幸一関係文書』, 東京大学出版会, 1966.

木戸日記研究会編, 『木戸幸一日記』下巻, 東京大学出版会, 1990.

富田健治, 『敗戦日本の内側』, 古今書院, 1962.

細川護貞, 『情報天皇に達せず』上巻, 1953.

小山完吾, 『小山完吾日記』, 慶応通信, 1955.

小山完吾, 『小山完吾日記』, 慶応通信, 1955.

深井英五, 『枢密院重要記事覚書』, 岩波書店, 1953.

雨宮昭一, 『占領と改革』, 岩波新書, 2008.

原田熊雄, 『西園寺公と政局』第6巻, 岩波書店, 1967.

有馬頼寧, 『政界道中記』, 日本出版協同, 1951.

伊藤隆, 『近衛新体制』, 中公新書, 1984.

伊藤武編, 『近衛公清談録』, 千倉書房, 1937.

参謀本部編, 『杉山メモ』上巻, 原書房, 1989.

幣原喜重郎, 『外交五十年』, 中公文庫, 1950.

和田日出吉他, 『語りつぐ昭和史2』, 朝日新聞社, 1976.

金奉湜, 「戰時체제하 의회세력 재편과정」, 『日本學誌』第18輯, 啓明大學校 國際學研究所 日本研究室, 1998.

金奉湜, 「정당정치의 성쇠와 국민동원의 강화」, 『일본근현대사』, 좋은날, 1999.

金奉湜, 「도조내각기의 의회세력」, 『국제 · 지역연구』 제16권제1호, 서울대 학교 국제학연구소, 2007.

吉田裕, 「近衛文麿」, 『敗戦前後』, 青木書店, 1995.

金奉涅,「戦時下の市会」,『日本歴史』第607号, 1998.

金奉涅,「翼賛壮年団論」,『歴史評論』第591号, 1999.

後藤隆之助,「人間近衛文麿」,『証言2私の昭和史』, 1969.

프랑스엔 〈크세주〉, 일본엔 〈이와나미 문고〉, 한국에는 〈살림지식총서〉가 있습니다.

001 미국의 좌파와 우파 | 이주영
002 미국의 정체성 | 김형인
003 마이너리티 역사 | 손영호
004 두 얼굴을 가진 하나님 | 김형인
005 MD | 정욱식
006 반미 | 김진웅
007 영화로 보는 미국 | 김성곤
008 미국 뒤집어보기 | 장석정
009 미국 문화지도 | 장석정
010 미국 메모랜덤 | 최성일
011 위대한 어머니 여신 | 장영란
012 변신이야기 | 김선자
013 인도신화의 계보 | 류경희
014 축제인류학 | 류정아
015 오리엔탈리즘의 역사 | 정진농
016 이슬람 문화 | 이희수
017 살롱문화 | 서정복
018 추리소설의 세계 | 정규웅
019 애니메이션의 장르와 역사 | 이용배
020 문신의 역사 | 조현설
021 색채의 상징, 색채의 심리 | 박영수
022 인체의 신비 | 이성주
023 생물학무기 | 배우철
024 이 땅에서 우리말로 철학하기 | 이기상
025 중세는 정말 암흑기였나 | 이경재
026 미셸 푸코 | 양운덕
027 포스트모더니즘에 대한 성찰 | 신승환
028 조폭의 계보 | 방성수
029 성스러움과 폭력 | 류성민
030 성상 파괴주의와 성상 옹호주의 | 진형준
031 UFO학 | 성시정
032 최면의 세계 | 설기문
033 천문학 탐구자들 | 이면우
034 블랙홀 | 이충환
035 법의학의 세계 | 이윤성
036 양자 컴퓨터 | 이순칠
037 마피아의 계보 | 안혁
038 헬레니즘 | 윤진
039 유대인 | 정성호
040 M. 엘리아데 | 정진홍
041 한국교회의 역사 | 서정민
042 야훼와 바알 | 김남일
043 캐리커처의 역사 | 박창석
044 한국 액션영화 | 오승욱
045 한국 문예영화 이야기 | 김남석
046 포켓몬 마스터 되기 | 김윤아

047 판타지 | 송태현
048 르 몽드 | 최연구
049 그리스 사유의 기원 | 김재홍
050 영혼론 입문 | 이정우
051 알베르 카뮈 | 유기환
052 프란츠 카프카 | 편영수
053 버지니아 울프 | 김희정
054 재즈 | 최규용
055 뉴에이지 음악 | 양한수
056 중국의 고구려사 왜곡 | 최광식
057 중국의 정체성 | 강준영
058 중국의 문화 코드 | 강진석
059 중국사상의 뿌리 | 장현근
060 화교 | 정성호
061 중국인의 금기 | 장범성
062 무협 | 문현선
063 중국영화 이야기 | 임대근
064 경극 | 송철규
065 중국적 사유의 원형 | 박정근
066 수도원의 역사 | 최형걸
067 현대 신학 이야기 | 박만
068 요가 | 류경희
069 성공학의 역사 | 정해윤
070 진정한 프로는 변화가 즐겁다 | 김학선
071 외국인 직접투자 | 송의달
072 지식의 성장 | 이한구
073 사랑의 철학 | 이정은
074 유교문화와 여성 | 김미영
075 매체 정보란 무엇인가 | 구연상
076 피에르 부르디외와 한국사회 | 홍성민
077 21세기 한국의 문화혁명 | 이정덕
078 사건으로 보는 한국의 정치변동 | 양길현
079 미국을 만든 사상들 | 정경희
080 한반도 시나리오 | 정욱식
081 미국인의 발견 | 우수근
082 미국의 거장들 | 김홍국
083 법으로 보는 미국 | 채동배
084 미국 여성사 | 이창신
085 책과 세계 | 강유원
086 유럽왕실의 탄생 | 김현수
087 박물관의 탄생 | 전진성
088 절대왕정의 탄생 | 임승휘
089 커피 이야기 | 김성윤
090 축구의 문화사 | 이은호
091 세기의 사랑 이야기 | 안재필
092 반연극의 계보와 미학 | 임준서

093 한국의 연출가들 | 김남석
094 동아시아의 공연예술 | 서연호
095 사이코드라마 | 김정일
096 철학으로 보는 문화 | 신응철
097 장 폴 사르트르 | 변광배
098 프랑스 문화와 상상력 | 박기현
099 아브라함의 종교 | 공일주
100 여행 이야기 | 이진홍
101 아테네 | 장영란
102 로마 | 한형곤
103 이스탄불 | 이희수
104 예루살렘 | 최창모
105 상트 페테르부르크 | 방일권
106 하이델베르크 | 곽병휴
107 파리 | 김복래
108 바르샤바 | 최건영
109 부에노스아이레스 | 고부안
110 멕시코 시티 | 정혜주
111 나이로비 | 양철준
112 고대 올림픽의 세계 | 김복희
113 종교와 스포츠 | 이창익
114 그리스 미술 이야기 | 노성두
115 그리스 문명 | 최혜영
116 그리스와 로마 | 김덕수
117 알렉산드로스 | 조현미
118 고대 그리스의 시인들 | 김헌
119 올림픽의 숨은 이야기 | 장원재
120 장르 만화의 세계 | 박인하
121 성공의 길은 내 안에 있다 | 이숙영
122 모든 것을 고객중심으로 바꿔라 | 안상헌
123 중세와 토마스 아퀴나스 | 박경숙
124 우주 개발의 숨은 이야기 | 정홍철
125 나노 | 이영희
126 초끈이론 | 박재모·현승준
127 안토니 가우디 | 손세관
128 프랭크 로이드 라이트 | 서수경
129 프랭크 게리 | 이일형
130 리차드 마이어 | 이성훈
131 안도 다다오 | 임채진
132 색의 유혹 | 오수연
133 고객을 사로잡는 디자인 혁신 | 신언모
134 양주 이야기 | 김준철
135 주역과 운명 | 심의용
136 학계의 금기를 찾아서 | 강성민
137 미·중·일 새로운 패권전략 | 우수근
138 세계지도의 역사와 한반도의 발견 | 김상근
139 신용하 교수의 독도 이야기 | 신용하
140 간도는 누구의 땅인가 | 이성환
141 말리노프스키의 문화인류학 | 김용환
142 크리스마스 | 이영제
143 바로크 | 신정아
144 페르시아 문화 | 신규섭
145 패션과 명품 | 이재진
146 프랑켄슈타인 | 장정희

147 뱀파이어 연대기 | 한혜원
148 위대한 힙합 아티스트 | 김정훈
149 살사 | 최명호
150 모던 걸, 여우 목도리를 버려라 | 김주리
151 누가 하이카라 여성을 데리고 사뇨 | 김미지
152 스위트 홈의 기원 | 백지혜
153 대중적 감수성의 탄생 | 강심호
154 에로 그로 넌센스 | 소래섭
155 소리가 만들어낸 근대의 풍경 | 이승원
156 서울은 어떻게 계획되었는가 | 염복규
157 부엌의 문화사 | 함한희
158 칸트 | 최인숙
159 사람은 왜 인정받고 싶어하나 | 이정은
160 지중해학 | 박상진
161 동북아시아 비핵지대 | 이삼성 외
162 서양 배우의 역사 | 김정수
163 20세기의 위대한 연극인들 | 김미혜
164 영화음악 | 박신영
165 한국독립영화 | 김수남
166 영화와 샤머니즘 | 이종승
167 영화로 보는 불륜의 사회학 | 황혜진
168 J.D. 샐린저와 호밀밭의 파수꾼 | 김성곤
169 허브 이야기 | 조태동·송진희
170 프로레슬링 | 성민수
171 프랑크푸르트 | 이기식
172 바그다드 | 이동은
173 아테네인, 스파르타인 | 윤진
174 정치의 원형을 찾아서 | 최자영
175 소르본 대학 | 서정복
176 테마로 보는 서양미술 | 권용준
177 칼 마르크스 | 박영균
178 허버트 마르쿠제 | 손철성
179 안토니오 그람시 | 김현우
180 안토니오 네그리 | 윤수종
181 박이문의 문학과 철학 이야기 | 박이문
182 상상력과 가스통 바슐라르 | 홍명희
183 인간복제의 시대가 온다 | 김홍재
184 수소 혁명의 시대 | 김미선
185 로봇 이야기 | 김문상
186 일본의 정체성 | 김필동
187 일본의 서양문화 수용사 | 정하미
188 번역과 일본의 근대 | 최경옥
189 전쟁국가 일본 | 이성환
190 한국과 일본 | 하우봉
191 일본 누드 문화사 | 최유경
192 주신구라 | 이준섭
193 일본의 신사 | 박규태
194 미야자키 하야오 | 김윤아
195 애니메이션으로 보는 일본 | 박규태
196 디지털 에듀테인먼트 스토리텔링 | 강심호
197 디지털 애니메이션 스토리텔링 | 배주영
198 디지털 게임의 미학 | 전경란
199 디지털 게임 스토리텔링 | 한혜원
200 한국형 디지털 스토리텔링 | 이인화

201 디지털 게임, 상상력의 새로운 영토 | 이정엽
202 프로이트와 종교 | 권수영
203 영화로 보는 태평양전쟁 | 이동훈
204 소리의 문화사 | 김토일
205 극장의 역사 | 임종엽
206 뮤지엄건축 | 서상우
207 한옥 | 박명덕
208 한국만화사 산책 | 손상익
209 만화 속 백수 이야기 | 김성훈
210 코믹스 만화의 세계 | 박석환
211 북한만화의 이해 | 김성훈·박소현
212 북한 애니메이션 | 이대연·김경임
213 만화로 보는 미국 | 김기홍
214 미생물의 세계 | 이재열
215 빛과 색 | 변종철
216 인공위성 | 장영근
217 문화콘텐츠란 무엇인가 | 최연구
218 고대 근동의 신화와 종교 | 강성열
219 신비주의 | 금인숙
220 십자군, 성전과 약탈의 역사 | 진원숙
221 종교개혁 이야기 | 이성덕
222 자살 | 이진홍
223 성, 그 억압과 진보의 역사 | 윤가현
224 아파트의 문화사 | 박철수
225 권오길 교수가 들려주는 생물의 섹스 이야기 | 권오길
226 동물행동학 | 임신재
227 한국 축구 발전사 | 김성원
228 월드컵의 위대한 전설 | 서준형
229 월드컵의 강국들 | 심재희
230 스포츠 마케팅의 세계 | 박찬혁
231 일본의 이중권력, 쇼군과 천황 | 다카시로 고이치
232 일본의 사소설 | 안영희
233 글로벌 매너 | 박한표
234 성공하는 중국 진출 가이드북 | 우수근
235 20대의 정체성 | 정성호
236 중년의 사회학 | 정성호
237 인권 | 차병직
238 헌법재판 이야기 | 오호택
239 프라하 | 김규진
240 부다페스트 | 김성진
241 보스턴 | 황선희
242 돈황 | 전인초
243 보들레르 | 이건수
244 돈 후안 | 정동섭
245 사르트르 참여문학론 | 변광배
246 문체론 | 이종오
247 올더스 헉슬리 | 김효원
248 탈식민주의에 대한 성찰 | 박종성
249 서양 무기의 역사 | 이내주
250 백화점의 문화사 | 김인호
251 초콜릿 이야기 | 정한진
252 향신료 이야기 | 정한진
253 프랑스 미식 기행 | 심순철
254 음식 이야기 | 윤진아
255 비틀스 | 고영탁
256 현대시와 불교 | 오세영
257 불교의 선악론 | 안옥선
258 질병의 사회사 | 신규환
259 와인의 문화사 | 고형욱
260 와인, 어떻게 즐길까 | 김준철
261 노블레스 오블리주 | 예종석
262 미국인의 탄생 | 김진웅
263 기독교의 교파 | 남병두
264 플로티노스 | 조규홍
265 아우구스티누스 | 박경숙
266 안셀무스 | 김영철
267 중국 종교의 역사 | 박종우
268 인도의 신화와 종교 | 정광흠
269 이라크의 역사 | 공일주
270 르 코르뷔지에 | 이관석
271 김수영, 혹은 시적 양심 | 이은정
272 의학사상사 | 여인석
273 서양의학의 역사 | 이재담
274 몸의 역사 | 강신익
275 인류를 구한 항균제들 | 예병일
276 전쟁의 판도를 바꾼 전염병 | 예병일
277 사상의학 바로 알기 | 장동민
278 조선의 명의들 | 김호
279 한국인의 관계심리학 | 권수영
280 모건의 가족 인류학 | 김용환
281 예수가 상상한 그리스도 | 김호경
282 사르트르와 보부아르의 계약결혼 | 변광배
283 초기 기독교 이야기 | 진원숙
284 동유럽의 민족 분쟁 | 김철민
285 비잔틴제국 | 진원숙
286 오스만제국 | 진원숙
287 별을 보는 사람들 | 조상호
288 한미 FTA 후 직업의 미래 | 김준성
289 구조주의와 그 이후 | 김종우
290 아도르노 | 이종하
291 프랑스 혁명 | 서정복
292 메이지유신 | 장인성
293 문화대혁명 | 백승욱
294 기생 이야기 | 신현규
295 에베레스트 | 김법모
296 빈 | 인성기
297 발트3국 | 서진석
298 아일랜드 | 한일동
299 이케다 하야토 | 권혁기
300 박정희 | 김성진
301 리콴유 | 김성진
302 덩샤오핑 | 박형기
303 마거릿 대처 | 박동운
304 로널드 레이건 | 김형곤
305 셰이크 모하메드 | 최진영
306 유엔사무총장 | 김정태
307 농구의 탄생 | 손대범
308 홍차 이야기 | 정은희

309 인도 불교사 | 김미숙
310 아힌사 | 이정호
311 인도의 경전들 | 이재숙
312 글로벌 리더 | 백형찬
313 탱고 | 배수경
314 미술경매 이야기 | 이규현
315 달마와 그 제자들 | 우봉규
316 화두와 좌선 | 김호귀
317 대학의 역사 | 이광주
318 이슬람의 탄생 | 진원숙
319 DNA분석과 과학수사 | 박기원
320 대통령의 탄생 | 조지형
321 대통령의 퇴임 이후 | 김형곤
322 미국의 대통령 선거 | 윤용희
323 프랑스 대통령 이야기 | 최연구
324 실용주의 | 이유선
325 맥주의 세계 | 원융희
326 SF의 법칙 | 고장원
327 원효 | 김원명
328 베이징 | 조창완
329 상하이 | 김윤희
330 홍콩 | 유영하
331 중화경제의 리더들 | 박형기
332 중국의 엘리트 | 주장환
333 중국의 소수민족 | 정재남
334 중국을 이해하는 9가지 관점 | 우수근
335 고대 페르시아의 역사 | 유흥태
336 이란의 역사 | 유흥태
337 에스파한 | 유흥태
338 번역이란 무엇인가 | 이향
339 해체론 | 조규형
340 자크 라캉 | 김용수
341 하지홍 교수의 개 이야기 | 하지홍
342 다방과 카페, 모던보이의 아지트 | 장유정
343 역사 속의 채식인 | 이광조
344 보수와 진보의 정신분석 | 김용신
345 저작권 | 김기태
346 왜 그 음식은 먹지 않을까 | 정한진
347 플라멩코 | 최명호
348 월트 디즈니 | 김지영
349 빌 게이츠 | 김익현
350 스티브 잡스 | 김상훈
351 잭 웰치 | 하정필
352 워렌 버핏 | 이민주
353 조지 소로스 | 김성진
354 마쓰시타 고노스케 | 권혁기
355 도요타 | 이우광
356 기술의 역사 | 송성수
357 미국의 총기 문화 | 손영호
358 표트르 대제 | 박지배
359 조지 워싱턴 | 김형곤
360 나폴레옹 | 서정복
361 비스마르크 | 김장수
362 모택동 | 김승일

363 러시아의 정체성 | 기연수
364 너는 사방 위험한 로봇이다 | 오은
365 발레리나를 꿈꾼 로봇 | 김선혁
366 로봇 선생님 가라사대 | 안동근
367 로봇 디자인의 숨겨진 규칙 | 구신애
368 로봇을 향한 열정, 일본 애니메이션 | 안병욱
369 도스토예프스키 | 박영은
370 플라톤의 교육 | 장영란
371 대공황 시대 | 양동휴
372 미래를 예측하는 힘 | 최연구
373 꼭 알아야 하는 미래 질병 10가지 | 우정현
374 과학기술의 개척자들 | 송성수
375 레이첼 카슨과 침묵의 봄 | 김재호
376 좋은 문장 나쁜 문장 | 송준호
377 바울 | 김호경
378 테킬라 이야기 | 최명호
379 어떻게 일본 과학은 노벨상을 탔는가 | 김범성
380 기후변화 이야기 | 이유진
381 상송 | 전금주
382 이슬람 예술 | 전완경
383 페르시아의 종교 | 유흥태
384 삼위일체론 | 유해무
385 이슬람 율법 | 공일주
386 금강경 | 곽철환
387 루이스 칸 | 김낙중·정태용
388 톰 웨이츠 | 신주현
389 위대한 여성 과학자들 | 송성수
390 법원 이야기 | 오호택
391 명예훼손이란 무엇인가 | 안상운
392 사법권의 독립 | 조지형
393 피해자학 강의 | 장규원
394 정보공개란 무엇인가 | 안상운
395 적정기술이란 무엇인가 | 김정태·홍성욱
396 치명적인 금융위기, 왜 유독 대한민국인가 | 오형규
397 지방자치단체, 돈이 새고 있다 | 최인욱
398 스마트 위험사회가 온다 | 민경식
399 한반도 대재난, 대책은 있는가 | 이정직
400 불안사회 대한민국, 복지가 해답인가 | 신광영
401 21세기 대한민국 대외전략 | 김기수
402 보이지 않는 위협, 종북주의 | 류현수
403 우리 헌법 이야기 | 오호택
404 핵심 중국어 간체자(簡體字) | 김현정
405 문화생활과 문화주택 | 김용범
406 미래 주거의 대안 | 김세용·이재준
407 개방과 폐쇄의 딜레마, 북한의 이중적 경제 | 남성욱·정유석
408 연극과 영화를 통해 본 북한 사회 | 민병욱
409 먹기 위한 개방, 살기 위한 외교 | 김계동
410 북한 정권 붕괴 가능성과 대비 | 전경주
411 북한을 움직이는 힘, 군부의 패권경쟁 | 이영훈
412 인민의 천국에서 벌어지는 인권유린 | 허만호
413 성공을 이끄는 마케팅 법칙 | 추성엽
414 커피로 알아보는 마케팅 베이직 | 김민주
415 쓰나미의 과학 | 이호준
416 20세기를 빛낸 극작가 20인 | 백승무

417 20세기의 위대한 지휘자 | 김문경
418 20세기의 위대한 피아니스트 | 노태헌
419 뮤지컬의 이해 | 이동섭
420 위대한 도서관 건축 순례 | 최정태
421 아름다운 도서관 오디세이 | 최정태
422 롤링 스톤즈 | 김기범
423 서양 건축과 실내 디자인의 역사 | 천진희
424 서양 가구의 역사 | 공혜원
425 비주얼 머천다이징&디스플레이 디자인 | 강희수
426 호감의 법칙 | 김경호
427 시대의 지성 노암 촘스키 | 임기대
428 역사로 본 중국음식 | 신계숙
429 일본요리의 역사 | 박병학
430 한국의 음식문화 | 도현신
431 프랑스 음식문화 | 민혜련
432 중국차 이야기 | 조은아
433 디저트 이야기 | 안호기
434 치즈 이야기 | 박승용
435 면(麵) 이야기 | 김한송
436 막걸리 이야기 | 정은숙
437 알렉산드리아 비블리오테카 | 남태우
438 개헌 이야기 | 오호택
439 전통 명품의 보고, 규장각 | 신병주
440 에로스의 예술, 발레 | 김도윤
441 소크라테스를 알라 | 장영란
442 소프트웨어가 세상을 지배한다 | 김재호
443 국제난민 이야기 | 김철민
444 셰익스피어 그리고 인간 | 김도윤
445 명상이 경쟁력이다 | 김필수
446 갈매나무의 시인 백석 | 이숭원
447 브랜드를 알면 자동차가 보인다 | 김흥식
448 파이온에서 힉스 입자까지 | 이강영
449 알고 쓰는 화장품 | 구희연
450 희망이 된 인문학 | 김호연
451 한국예술의 큰 별 동랑 유치진 | 백형찬
452 경허와 그 제자들 | 우봉규
453 논어 | 윤홍식
454 장자 | 이기동
455 맹자 | 장현근
456 관자 | 신창호
457 순자 | 윤무학
458 미사일 이야기 | 박준복
459 사주(四柱) 이야기 | 이지형
460 영화로 보는 로큰롤 | 김기범
461 비타민 이야기 | 김정환
462 장군 이순신 | 도현신
463 전쟁의 심리학 | 이윤규
464 미국의 장군들 | 여영무
465 첨단무기의 세계 | 양낙규
466 한국무기의 역사 | 이내주
467 노자 | 임헌규
468 한비자 | 윤찬원
469 묵자 | 박문현
470 나는 누구인가 | 김용신
471 논리적 글쓰기 | 여세주
472 디지털 시대의 글쓰기 | 이강룡
473 NLL을 말하다 | 이상철
474 뇌의 비밀 | 서유헌
475 버트런드 러셀 | 박병철
476 에드문트 후설 | 박인철
477 공간 해석의 지혜, 풍수 | 이지형
478 이야기 동양철학사 | 강성률
479 이야기 서양철학사 | 강성률
480 독일 계몽주의의 유학적 기초 | 전홍석
481 우리말 한자 바로쓰기 | 안광희
482 유머의 기술 | 이상훈
483 관상 | 이태룡
484 가상학 | 이태룡
485 역경 | 이태룡
486 대한민국 대통령들의 한국경제 이야기 1 | 이장규
487 대한민국 대통령들의 한국경제 이야기 2 | 이장규
488 별자리 이야기 | 이형철 외
489 셜록 홈즈 | 김재성
490 역사를 움직인 중국 여성들 | 이양자
491 중국 고전 이야기 | 문승용
492 발효 이야기 | 이미란
493 이승만 평전 | 이주영
494 미군정시대 이야기 | 차상철
495 한국전쟁사 | 이희진
496 정전협정 | 조성훈
497 북한 대남 침투도발사 | 이윤규
498 수상 | 이태룡
499 성명학 | 이태룡
500 결혼 | 남정욱
501 광고로 보는 근대문화사 | 김병희
502 시조의 이해 | 임형선
503 일본인은 왜 속마음을 말하지 않을까 | 임영철
504 내 사랑 아다지오 | 양태조
505 수프림 오페라 | 김도윤
506 바그너의 이해 | 서정원
507 원자력 이야기 | 이정익
508 이스라엘과 창조경제 | 정성호
509 한국 사회 빈부의식은 어떻게 변했는가 | 김용신
510 요하문명과 한반도 | 우실하
511 고조선왕조실록 | 이희진
512 고구려왕조실록 1 | 이희진
513 고구려왕조실록 2 | 이희진
514 백제왕조실록 1 | 이희진
515 백제왕조실록 2 | 이희진
516 신라왕조실록 1 | 이희진
517 신라왕조실록 2 | 이희진
518 신라왕조실록 3 | 이희진
519 가야왕조실록 | 이희진
520 발해왕조실록 | 구난희
521 고려왕조실록 1 (근간)
522 고려왕조실록 2 (근간)
523 조선왕조실록 1 | 이성무
524 조선왕조실록 2 | 이성무

525 조선왕조실록 3 | 이성무
526 조선왕조실록 4 | 이성무
527 조선왕조실록 5 | 이성무
528 조선왕조실록 6 | 편집부
529 정한론 | 이기용
530 청일전쟁 (근간)
531 러일전쟁 (근간)
532 이슬람 전쟁사 | 진원숙
533 소주이야기 | 이지형
534 북한 남침 이후 3일간, 이승만 대통령의 행적 | 남정옥
535 제주 신화 1 | 이석범
536 제주 신화 2 | 이석범
537 제주 전설 1 | 이석범
538 제주 전설 2 | 이석범
539 제주 전설 3 | 이석범
540 제주 전설 4 | 이석범
541 제주 전설 5 | 이석범
542 제주 민담 | 이석범
543 서양의 명장 | 박기련
544 동양의 명장 | 박기련
545 루소, 교육을 말하다 | 고봉만·황성원
546 철학으로 본 앙트러프러너십 | 전인수
547 예술과 앙트러프러너십 | 조명계
548 문화마케팅 (근간)
549 비즈니스상상력 | 전인수
550 개념설계의 시대 | 전인수
551 미국 독립전쟁 | 김형곤
552 미국 남북전쟁 | 김형곤
553 초기불교 이야기 | 곽철환
554 한국가톨릭의 역사 | 서정민
555 시아 이슬람 | 유흥태
556 스토리텔링에서 스토리두잉으로 | 윤주
557 백세시대의 지혜 | 신현동
558 구보 씨가 살아온 한국 사회 | 김병희
559 정부광고로 보는 일상생활사 | 김병희
560 정부광고의 국민계몽 캠페인 | 김병희
561 도시재생 이야기 | 윤주
562 한국의 핵무장 | 김재엽
563 고구려 비문의 비밀 | 정호섭
564 비슷하면서도 다른 한중문화 | 장범성
565 급변하는 현대 중국의 일상 | 장시·리우린, 장범성
566 중국의 한국 유학생들 | 왕링윈·장범성
567 밥딜런 그의 나라에는 누가 사는가 | 오민석
568 언론으로 본 정부정책의 변천 | 김병희
569 전통과 보수의 나라 영국 1 — 영국 역사 | 한일동
570 전통과 보수의 나라 영국 2 — 영국 문화 | 한일동
571 전통과 보수의 나라 영국 3 — 영국 현대 | 김언조
572 제차 세계대전 | 윤형호
573 제2차 세계대전 | 윤형호
574 라벨로 보는 프랑스 포도주의 이해 | 전경준
575 미셸 푸코, 말과 사물 | 이규현
576 프로이트, 꿈의 해석 | 김석 (근간)
577 왜 5왕 | 홍성화
578 소가씨 4대 | 나행주
579 미나모토노 요리토모 | 남기학
580 도요토미 히데요시 | 이계황
581 요시다 쇼인 | 이희복
582 시부사와 에이이치 | 양의모
583 이토 히로부미 | 방광석
584 메이지 천황 | 박진우
585 하라 다카시 | 김영숙
586 히라쓰카 라이초 | 정애영
587 고노에 후미마로 | 김봉식

고노에 후미마로

패전으로 귀결된 야망과 좌절

펴낸날	초판 1쇄 2019년 8월 30일

지은이	김봉식
펴낸이	심만수
펴낸곳	(주)살림출판사
출판등록	1989년 11월 1일 제9-210호

주소	경기도 파주시 광인사길 30
전화	031-955-1350 팩스 031-624-1356
홈페이지	http://www.sallimbooks.com
이메일	book@sallimbooks.com

ISBN	978-89-522-4078-1 04080
	978-89-522-0096-9 04080 (세트)

이 도서의 국립중앙도서관 출판시도서목록(CIP)은 서지정보유통지원시스템 홈페이지
(http://seoji.nl.go.kr)와 국가자료공동목록시스템(http://www.nl.go.kr/kolisnet)에서
이용하실 수 있습니다.(CIP제어번호: CIP2019028969)

책임편집·교정교열 **최정원 이상준**

인물로 보는 일본역사 시리즈 전11권

홍성화 외 10인 지음

2019년 3·1 운동 100주년 기념, 2020년 8·15 광복 75주년을 기념하여 일본사학회가 기획한 시리즈. 가깝지만 멀기만 한 일본과의 관계를 돌아보기 위해 한국사와 밀접한 대표적인 인물 11명의 생애와 사상을 알아본다.

577 왜 5왕(倭 五王)
수수께끼의 5세기 왜국 왕 (인물로 보는 일본역사 1)

홍성화(건국대학교 글로컬캠퍼스 교양대학 역사학 교수) 지음

베일에 싸인 왜 5왕(찬·진·제·흥·무)의 실체를 파헤침으로써 5세기 한일관계의 실상을 재조명한다.

키워드 🔍

#왜국 #왜왕 #송서 #사신 #조공 #5세기 #백제 #중국사서 #천황 #고대

578 소가씨 4대(蘇我氏 四代)
고대 일본의 권력 가문 (인물로 보는 일본역사 2)

나행주(건국대학교 사학과 초빙교수) 지음

일본 고대국가에 커다란 족적을 남긴 백제 도래씨족 소가씨. 그중 4대에 이르는 소가노 이나메(506?~570)·우마코(551?~626)·에미시(?~645)·이루카(?~645)의 생애와 업적을 알아본다.

키워드 🔍

#일본고대 #도래인 #외척 #불교 #불교문화

579 미나모토노 요리토모(源賴朝)
무사정권의 창시자 (인물로 보는 일본역사 3)

남기학(한림대학교 일본학과 교수) 지음

무사정권의 창시자 미나모토노 요리토모(1147~1199)의 파란만장한 생애와 사상의 전모를 밝힌다.

키워드 🔍

#무사정권 #가마쿠라도노 #무위 #무민 #신국사상 #다이라노 기요모리 #고시라카와 #최충헌

580 도요토미 히데요시 (豊臣秀吉)

일본 통일을 이루다 (인물로 보는 일본역사 4)

이계황(인하대학교 일본언어문화학과 교수) 지음

동아시아 국제전쟁으로서의 임진왜란과 난세를 극복하고 일본천하를 통일한 도요토미 히데요시(1537~1598)를 통해, 일본을 접근해본다.

키워드 🔍

#센고쿠기 #오다 노부나가 #도쿠가와 이에야스 #임진왜란 #강화교섭 #정유재란

581 요시다 쇼인 (吉田松陰)

일본 민족주의의 원형 (인물로 보는 일본역사 5)

이희복(강원대학교 일본학과 교수) 지음

일본 우익사상의 창시자 요시다 쇼인(1830~1859). 그가 나고 자란 곳 하기시(萩市)에서 그의 학문과 사상의 진수를 눈과 발로 확인한다.

키워드 🔍

#병학사범 #성리학자 #국체사상가 #양명학자 #세계적 보편성 #우익사상 #성리학

582 시부사와 에이이치 (渋沢栄一)

일본 경제의 아버지 (인물로 보는 일본역사 6)

양의모(인천대학교 동북아 통상학과 강사) 지음

경제대국 일본의 기초를 쌓아올린 시부사와 에이이치(1840~1931). '일본 경제의 아버지'라 불리는 그의 삶과 활동을 조명한다.

키워드 🔍

#자본주의 #부국강병 #도덕경제론 #논어와 주판 #민간외교 #합본주의

583 이토 히로부미 (伊藤博文)

일본의 근대를 이끌다 (인물로 보는 일본역사 7)

방광석(동국대학교 대외교류연구원 연구교수 · 전 일본사학회 회장) 지음

침략의 원흉이자 근대 일본의 기획자 이토 히로부미(1841~1909)의 생애를 실증적·객관적으로 살펴본다.

키워드 🔍

#입헌 정치체제 #폐번치현 #대일본제국헌법 #쇼카손주쿠 #천황친정운동 #을사늑약 #한국병합

584 메이지 천황(明治天皇)
일본 제국의 기초를 닦다 (인물로 보는 일본역사 8)

박진우(숙명여자대학교 일본학과 교수) 지음

메이지 천황(1852~1912)의 '실상'과 근대 이후 신격화된 그의 '허상'을 추적한다.

키워드 Q

#메이지유신 #메이지 천황 #근대천황제 #천황의 군대

585 하라 다카시(原敬)
평민 재상의 빛과 그림자 (인물로 보는 일본역사 9)

김영숙(고려대학교 한국사연구소 연구교수) 지음

일본 정당정치의 상징이자 식민지 통치의 설계자. 평민 재상 하라 다카시(1856~1921)를 파헤친다.

키워드 Q

#정당정치 #문화정책 #내각총리대신 #평민 재상 #입헌정우회 #정우회

586 히라쓰카 라이초(平塚らいてう)
일본의 여성해방운동가 (인물로 보는 일본역사 10)

정애영(경상대 · 방송통신대 일본사 · 동아시아사 강사) 지음

일본의 대표 신여성 히라쓰카 라이초(1886~1971). 그녀를 중심으로 일본의 페미니즘 운동과 동아시아의 신여성을 조명한다.

키워드 Q

#신여성 #세이토 #신부인협회 #일본의 페미니즘 #동아시아 페미니즘 운동 #동아시아 신여성

587 고노에 후미마로(近衛文麿)
패전으로 귀결된 야망과 좌절 (인물로 보는 일본역사 11)

김봉식(고려대학교 강사) 지음

미 · 영 중심의 국제질서에 도전하고 독일 · 이탈리아와 동맹을 강화하여 전쟁의 참화를 불러온 귀족정치가. 고노에 후미마로(1891~1945)의 생애와 한계를 살펴본다.

키워드 Q

#중일전쟁 #태평양전쟁 #신체제 #일본역사

eBook 표시가 되어있는 도서는 전자책으로 구매가 가능합니다.

016 이슬람 문화 | 이희수
017 살롱문화 | 서정복 eBook
020 문신의 역사 | 조현설
038 헬레니즘 | 윤진 eBook
056 중국의 고구려사 왜곡 | 최광식 eBook
085 책과 세계 | 강유원
086 유럽왕실의 탄생 | 김현수
087 박물관의 탄생 | 전진성
088 절대왕정의 탄생 | 임승휘 eBook
100 여행 이야기 | 이진홍 eBook
101 아테네 | 장영란 eBook
102 로마 | 한형곤
103 이스탄불 | 이희수
104 예루살렘 | 최창모
105 상트 페테르부르크 | 방일권 eBook
106 하이델베르크 | 곽병휴
107 파리 | 김복래
108 바르샤바 | 최건영 eBook
109 부에노스아이레스 | 고부안 eBook
110 멕시코 시티 | 정혜주 eBook
111 나이로비 | 양철준
112 고대 올림픽의 세계 | 김복희
113 종교와 스포츠 | 이창익 eBook
115 그리스 문명 | 최혜영
116 그리스와 로마 | 김덕수 eBook
117 알렉산드로스 | 조현미
138 세계지도의 역사와 한반도의 발견 | 김상근 eBook
139 신용하 교수의 독도 이야기 | 신용하
140 간도는 누구의 땅인가 | 이성환 eBook
143 바로크 | 신정아
144 페르시아 문화 | 신규섭 eBook
150 모던 걸, 여우 목도리를 버려라 | 김주리 eBook
151 누가 하이카라 여성을 데리고 사누 | 김미지 eBook
152 스위트 홈의 기원 | 백지혜 eBook
153 대중적 감수성의 탄생 | 강심호
154 에로 그로 넌센스 | 소래섭
155 소리가 만들어낸 근대의 풍경 | 이승원
156 서울은 어떻게 계획되었는가 | 염복규 eBook
157 부엌의 문화사 | 함한희
171 프랑크푸르트 | 이기식 eBook

172 바그다드 | 이동은 eBook
173 아테네인 스파르타인 | 윤진 eBook
174 정치의 원형을 찾아서 | 최자영
175 소르본 대학 | 서정복
187 일본의 서양문화 수용사 | 정하미
188 번역과 일본의 근대 | 최경옥
189 전쟁국가 일본 | 이성환 eBook
191 일본 누드 문화사 | 최유경
192 주신구라 | 이준섭
193 일본의 신사 | 박규태
220 십자군, 성전과 약탈의 역사 | 진원숙
239 프라하 | 김규진 eBook
240 부다페스트 | 김성진 eBook
241 보스턴 | 황선희
242 돈황 | 전인초 eBook
249 서양 무기의 역사 | 이내주
250 백화점의 문화사 | 김인호
251 초콜릿 이야기 | 정한진
252 향신료 이야기 | 정한진
259 와인의 문화사 | 고형욱
269 이라크의 역사 | 공일주
283 초기 기독교 이야기 | 진원숙
285 비잔틴제국 | 진원숙 eBook
286 오스만제국 | 진원숙 eBook
291 프랑스 혁명 | 서정복
292 메이지유신 | 장인성
293 문화대혁명 | 백승욱
294 기생 이야기 | 신현규 eBook
295 에베레스트 | 김법모 eBook
296 빈 | 인성기 eBook
297 발트3국 | 서진석 eBook
298 아일랜드 | 한일동
308 홍차 이야기 | 정은희 eBook
317 대학의 역사 | 이광주
318 이슬람의 탄생 | 진원숙
335 고대 페르시아의 역사 | 유흥태
336 이란의 역사 | 유흥태
337 에스파한 | 유흥태
342 다방과 카페, 모던보이의 아지트 | 장유정
343 역사 속의 채식인 | 이광조

371 대공황 시대 | 양동휴 eBook
420 위대한 도서관 건축순례 | 최정태 eBook
421 아름다운 도서관 오디세이 | 최정태 eBook
423 서양 건축과 실내 디자인의 역사 | 천진희 eBook
424 서양 가구의 역사 | 공혜원
437 알렉산드리아 비블리오테카 | 남태우 eBook
439 전통 명품의 보고, 규장각 | 신병주 eBook
443 국제난민 이야기 | 김철민 eBook
462 장군 이순신 | 도현신 eBook
463 전쟁의 심리학 | 이윤규
466 한국무기의 역사 | 이내주 eBook
486 대한민국 대통령들의 한국경제 이야기1 | 이장규 eBook
487 대한민국 대통령들의 한국경제 이야기2 | 이장규 eBook
490 역사를 움직인 중국 여성들 | 이양자
493 이승만 평전 | 이주영
494 미군정시대 이야기 | 차상철 eBook
495 한국전쟁사 | 이희진 eBook
496 정전협정 | 조성훈
497 북한 대남침투도발사 | 이윤규 eBook
510 요하 문명과 한반도 | 우실하 eBook
511 고조선왕조실록 | 이희진 eBook
512 고구려왕조실록 1 | 이희진 eBook
513 고구려왕조실록 2 | 이희진 eBook
514 백제왕조실록 1 | 이희진 eBook
515 백제왕조실록 2 | 이희진 eBook
516 신라왕조실록 1 | 이희진
517 신라왕조실록 2 | 이희진 eBook
518 신라왕조실록 3 | 이희진
519 가야왕조실록 | 이희진 eBook
520 발해왕조실록 | 구난희 eBook
521 고려왕조실록 1(근간)
522 고려왕조실록 2(근간)
523 조선왕조실록 1 | 이성무 eBook
524 조선왕조실록 2 | 이성무 eBook
525 조선왕조실록 3 | 이성무 eBook
526 조선왕조실록 4 | 이성무 eBook
527 조선왕조실록 5 | 이성무 eBook
528 조선왕조실록 6 | 편집부 eBook

(주)살림출판사

www.sallimbooks.com
주소 경기도 파주시 문발동 522-1 | 전화 031-955-1350 | 팩스 031-955-1355